吕保华 ◎ 著

司法正义的成本

THE COST OF JUDICIAL JUSTICE

中国财经出版传媒集团

经济科学出版社
Economic Science Press

图书在版编目（CIP）数据

司法正义的成本/吕保华著．--北京：经济科学
出版社，2021.11
ISBN 978 - 7 - 5218 - 3201 - 3

Ⅰ.①司…　Ⅱ.①吕…　Ⅲ.①司法制度 - 体制改革 -
研究 - 中国　Ⅳ.①D926.04

中国版本图书馆 CIP 数据核字（2021）第 252183 号

责任编辑：孙丽丽　撖晓宇
责任校对：易　超
责任印制：范　艳

司法正义的成本
吕保华　著
经济科学出版社出版、发行　新华书店经销
社址：北京市海淀区阜成路甲 28 号　邮编：100142
总编部电话：010 - 88191217　发行部电话：010 - 88191522
网址：www.esp.com.cn
电子邮箱：esp@esp.com.cn
天猫网店：经济科学出版社旗舰店
网址：http://jjkxcbs.tmall.com
北京密兴印刷有限公司印装
710×1000　16 开　10.25 印张　150000 字
2021 年 12 月第 1 版　2021 年 12 月第 1 次印刷
ISBN 978 - 7 - 5218 - 3201 - 3　定价：45.00 元
（图书出现印装问题，本社负责调换。电话：010 - 88191510）
（版权所有　侵权必究　打击盗版　举报热线：010 - 88191661
QQ：2242791300　营销中心电话：010 - 88191537
电子邮箱：dbts@esp.com.cn）

前　言

　　伴随着经济转轨和社会转轨，当前中国宏观经济的复杂性进一步加深，而社会结构的变动又滞后于经济结构的变化，不同社会阶层之间冲突、矛盾、纠纷频发，而相同社会阶层的利益诉求也倾向于多元化。普通老百姓的法制意识也随着普法工作以及国民整体文化素质提升而不断增强，传统纠纷解决方式不断弱化，人们更愿意拿起法律的"武器"来救济自己受损的权利，导致法院受理民事案件数量呈现不断上升趋势，法院、法官的工作日渐超负荷，而民众"诉难、诉累"的问题却不断被提出，司法资源不足的难题日渐凸显。习近平在中央全面依法治国工作会议上发表重要讲话指出，"要深化司法责任制综合配套改革，加强司法制约监督，健全社会公平正义法治保障制度，努力让人民群众在每一个司法案件中感受到公平正义。"[①] 十八大以来的新一轮司法体制改革初见成效，四项基础性司法体制改革举措，即司法职业保障、司法责任制改革、人财物省级统管、司法人员分类管理基本落实。在这样的背景下，如何充分运用司法体制改革的成果，最大程度释放出紧缺的有限司法资源具有的效能，为更多人提供所需的司法保障已成为社会焦点问题。

[①] 《习近平在中央全面依法治国工作会议上发表重要讲话》，中国政府网，http：//www.gov.cn/xinwen/2020－11/17/content_5562085.htm。

从近年来最高人民法院发布的工作报告看，诉讼的大部分案件是民商事案件，民事诉讼的判决结果能促使人们形成稳定的心理预期，进而对人们的交往以及经济行为产生影响，并对人们履行合同和保护知识产权有重要作用。此外，民事诉讼制度的运行直接影响着整个司法体系的运行，而民事司法成本的控制是不同阶层的人都能享受权利救济的关键保障要素。所以，无论是对民众权利救济，还是对更深层面的司法体系运行，民事司法成本的控制均具有重大意义。

国内法学学者对于司法成本的研究，角度上主要从国家层面入手，思路上主要从节约入手，成本的分析以经济成本为基本考量。对个体诉讼策略选择对司法成本的影响关注较少，且解决方案过于单一。本书试图构建一个法学与经济学、社会学多学科交叉视角下的民事司法成本控制的研究框架，从国家、法院和当事人层面入手，关注当事人诉讼策略选择对司法成本控制的影响；对于司法成本的控制不仅从节约入手，还通过对司法改革成果的应用、寻求成本分担和能动司法技术性考量等多种路径进行优化。研究的问题主要包括：（1）民事司法成本的内涵及成本控制的标准；（2）民事司法成本控制的路径及影响因素；（3）民事诉讼主体的策略选择；（4）民事司法成本控制的困境及解决方法。

本书在导论中说明了选题的缘起、要解决的问题及具体方法、预期实现的效果。司法资源缺失、纠纷频发、起诉难、判决及执行迟延、当事人因经济原因难以获得司法救济等问题与矛盾正反映出我国当前民事司法诉讼的窘境，而法经济学对于司法成本的研究从理论层面为民事司法成本控制提供了有力保障。

第一章简要介绍新一轮司法改革的内容，阐述了司法改革的背景、主要内容以及本轮司法改革的成就对民事司法成本控制的影响。本章对本书最重要的概念司法成本进行了分析，对司法成本、诉讼成本、审判成本等几个相近概念进行了辨析，并指出了司法成本概念研究的趋势，效率是成本紧密关联的概念，本章对民事司法成本控制的重要意义进行了阐述。

第二章主要阐述了民事司法成本的控制的评价标准：效率、正义，并对二者之间的关系进行了分析，还确定了民事司法成本控制的主要影响因素，包括国家司法制度设计、法院审判程序完善、法官素质、当事人诉讼策略选择等方面，为后面章节的完成确定了脉络。

第三章从国家层面对民事司法成本控制进行了探讨，分别从法院、法官、民事诉讼程序完善三个角度进行了分析，法院效率不高是导致司法成本较高的主要原因，而其根源则包括法院内外部体制的行政化、优秀法官的缺乏、法官个人效用和法院效率目标的冲突等方面；民事诉讼程序的完善则包括诉前程序、一审程序、上诉程序和再审程序的完善。

第四章从当事人的视角对民事司法成本的控制进行了研究，民事诉讼当事人的诉讼偏好和诉讼策略都会影响当事人的诉讼成本，而影响当事人采取和解这种成本较低的非诉纠纷解决方案的因素有很多，除了当事人可能支出的诉讼成本，对案件相关信息的认知与掌握程度也是重要因素之一，具体涵盖：对案件事实的了解、对另一方情况的掌握等。

第五章则指出了民事司法成本控制的另一种思路：多元分担，本书将民事司法成本进行解构，从而为其分担找到一个合理化的路径。本书将民事司法成本的分担分为三个层次，首先是国家和个人之间的分担，这种分担并非单纯地增加国家司法投入从而减轻个体负担，而是致力于找到两者的平衡点；第二个层次的分担是诉讼当事人之间的分担，以公平正义为导向，兼顾调节功能；第三个层次的分担则是充分发挥市场机制以及社会组织的分担功能；共同促进司法体系和制度的完善。

第六章对民事司法成本控制与能动司法之间的关系进行了分析。本书对我国能动司法的具体涵义进行了明确，我国能动司法的重要职责就是增强诉前和诉后干预，一方面通过"调解""法官进社区"等方法提前化解纠纷，降低人们诉讼成本；另一方面通过诉后干预，做到"案结事了"，促进社会和谐和社会福利的提升，是契合民事司法成本控制最终诉求的。此外，本书对能动司法产生的不利影响进行了剖析，能动司法扩张了法院和法官的职责，使法官、法院面临更加沉重的负担，如果法官具体实施环节缺乏合理性会导致法院具有的权威性受损，而且过度调解也会影响诉讼的效率。所以，在对能动司法保持足够关注的情况下，须考虑个案效率与社会效率之间的平衡以及与司法克制的平衡。

本书的不足在于：对于民事司法成本控制的研究需要多学科的交叉运用，比如司法成本概念的确定，除了涉及法学，还会涉及经济学，而社会治理向来就不是依靠法学可以解决的，管理学和政治学的知识必不可少，学科概念上短时间难以融会贯通，对一些概念的把握尚有欠缺。民事司法成本概念本身就是一个复合型的概念，涵盖的范围比较广，对于民事司法成本的控制更是一个复杂的过程，涉及多个主体、多种行为交互影响，且各主体的行为与其他主体相关联。因此，本书必然面临"挂一漏万"的状况。

本书是以民事司法成本为对象由理论层面展开框架性分析，因而部分内容的研究存在缺乏深度探讨的问题，譬如未深入分析司法体制改革成果的应用、结构尚需进行调整、逻辑结构的严谨性不足。此外，本书以理论研究为重心，在实证分析方面相对缺失，且开展的实证分析仅涉及少量数据。

目　录

导　　论

一、研究背景、目的与意义

（一）司法体制改革初现成效

十八大以来，《中共中央关于全面深化改革若干重大问题的决定》《中共中央关于全面推进依法治国若干重大问题的决定》等文件的相继实施，对进一步深化司法体制改革作出了统筹安排。截至 2017 年 7 月底，中央全面深化改革领导小组共审议并批准 46 份涉及司法体制改革的文件，确定的 129 项改革中，尚在对改革方案进行研究的仅有 11 项，其他均已有明确改革意见。其中，最高人民法院（简称最高法）承担的 18 项改革任务已全部达成，各级地方法院也已铺开"四五改革纲要"明确的 65 项具体改革举措①；最高检共承担由中央部署的改革任务共 29 项，均已结项或已基本完成②；自十八大以来，在司法行政领域，司法行政改革加速发力，截至 2018 年，司法部共制定司法行政改革 108 项，已落实 72 项，另有 36 项正在有序推进③。

---

① 马渊杰：《周强主持召开最高人民法院司法改革领导小组会议强调加强督察狠抓落实推动司法体制改革全面落地见效》，载《人民法院报》2017 年 7 月 5 日第 1 版。

② 孙春英：《各地遴选出 87284 名员额检察官》，载《法制日报》2017 年 7 月 13 日第 3 版。

③ 《司法行政改革新闻发布会举行》，中华人民共和国司法部官网，2018 年 2 月 8 日，http://www.moj.gov.cn/pub/sfbgw/jgsz/jgszjgtj/jgtjbgt/bgttjxw/201802/t20180209_127336.html，2022 年 3 月 12 日访问。

总体上看，本轮司法体制改革中的四梁八柱改革基本实现既定任务，且成效相对突出：司法机关具有显著提升的独立性，将省级以下地方司法机关的人财物交由省一级管理是确保司法机关依法独立的制度基础，使得司法机关在不受地方政府掣肘的情况下明显提升其公平性，为实现司法的公平化提供了有力支持；从个体办案数量的提升上可以看出司法效率明显提升，全国法官的人均办案量在改革后增加了 100 多件，个别地方甚至增加了 200 件，逐步接近发达国家水平[①]；司法权威进一步提升；在人权保障领域，我国的人权保障水平在实地和程序两个方面都得到了大力提升；通过让公民在充分了解的基础上参与司法，并通过监督司法进而改造司法，进而使司法民主进一步加强，这也是开展司法改革取得的积极成果，公民参与司法可使得司法的民主性、公正性更为提升，并强化司法具有的公信力[②]，在强化司法民主方面，本轮司法体制改革成效显著；以员额制改革与司法人员分类管理改革为推手，向第一线下沉更多的办案力量，实现了司法质量的全面提升，提高了司法职业化水平；司法公开化程度进一步提高，以信息技术为依托，人民法院建立了四大信息公开平台，分别覆盖裁判、审判、执行、庭审等领域，为实现审判公开的深层发展提供了极大的助力，并通过阳光司法体制的构建，提供公民所需的更为便利的司法诉讼，不仅能够有效保障公民权益，也成为了实现我国司法公信力提升的关键举措。

（二）司法资源的日益紧缺

法律作为指导主体社会活动的基本规范，为各种社会主体确立了权利和义务的边界，而司法是实现社会公平正义、确保社会

---

① 陈卫东：《十八大以来司法体制改革的回顾与展望》，载《法学》2017 年第 10 期。

② 陈卫东：《公民参与司法：理论、实践及改革——以刑事司法为中心的考察》，载《法学研究》2015 年第 2 期。

主体权利得以救济的关键要素。司法是依法定程序及职权，司法机关处理案件的专门活动。要实现法律公正，必须以司法公正为基础，所以司法公正是司法活动的首要目标。在社会经济发展的背景下，随着时代的变更，正义也具有不同的内涵，然而不管在任何时代，正义始终被视为法律首要的甚至是唯一的价值目标，这一点在诸多法学大家的论著中都作为不言自明的理论前提。

为防止司法腐败的滋生，保障司法公正，并通过对主体行为进行约束的方式以消除可能大量发生的缠诉与滥诉，司法活动的开展应以司法程序为界限。为对司法具有的权威性及秩序性予以反映，此类程序的设计通常极具专业性，且步骤烦琐。当当事人在需寻求权利救济时，才会发现设计的各类程序是普通人完全无法驾驭的，而不得不求助于专业法律人士。除了程序烦琐的限制，司法判决耗时长、较高的经济成本也导致司法具有的公正性、权威性受影响，并使得法院在民众中具有的信赖度与信任度被不断侵蚀。现实生活中我们常常会看到当事人终其一生等不到那一纸公正判决的情况。而且，司法体系的形同虚设或是低效化，不仅难以为社会民众（尤其是弱势群体）的基本权益提供保护，而且会一定程度地激化社会矛盾，导致社会面临更多不稳定因素，进而使得社会的进步与经济发展受影响。

同时，司法公正的实现，除了当事人的付出，国家在经济成本上也投入巨大，要保障司法制度的正常运行及司法机构的有序运转，不管是在专业法律人事培养还是在司法机关建设方面均需要大量资金的支持。在社会高速发展的背景下，社会阶层分化，不同社会阶层利益冲突加深，社会纠纷不断增加。国家虽然已经投入巨大的经济和司法资源，但无法投入全部资源，导致资源的利用存在有限性。怎样最大化释放出有限司法资源具有的效能来实现权利的救济、保护法律的公平与正义以及满足日益增加的纠纷解决需要？控制司法成本、提高司法效率就成为实现司法公正的基本保障。

从我国当前的情况来看，在社会转型与改革不断深入的作用下，加之经济体制转轨的影响，在同一时段内，不同的社会群体、阶层为实现自身的诉求产生激烈的冲突与碰撞，进而导致各类纠纷、矛盾的频繁发生。最高人民法院在 2016 年度共受理22 742 起案件①，其中有 20 151 起案件审结，与上年度相比较，受理案件增长 42.3%，审结案件增长 42.6%。2013～2017 年，最高人民法院受理案件 82 383 件，其中有 79 692 起案件审结，与前五个年度相比较，受理案件与审结案件分别有 60.6% 和 58.8% 的增长②，地方各级法院在 2016 年度共受理 2 303 万起案件，其中有1 977 万起案件完成审结或是执结，结案标的涉及资金 4.98 万亿元，与上年度相比较，分别有 18%、18.3%、23.1% 的增长。各地法院审结一审民事案件 673.8 万件，同比上升 8.2%③，这些数字还不算很多仲裁、调解其他方式解决的纠纷，能够看出现阶段我国司法体系面临极大负担。

受民众具有更强维权意识与法律认知的影响，纠纷的解决对传统方式的依赖不断降低，由此使得法院需要受理更多的案件。民事诉讼案件数量规模的扩大呈现出爆发态势，以 10.1% 的年均增速不断增长，2013 年的民事一审新收案件数为 778.2 万件，而到 2019 年，已增长至 1 385.2 万件④。诉讼量的不断增多，使得法院、法官难堪重负，因为法院受理案件数量激增，而法官人数、法院资源相对有限，群众常常发出"诉讼难、诉讼累、执行难"的呼声。也因此，有大量的纠纷当事人出于对判决结果的不满，或者根本无力承担诉讼成本，因而以信访方式表达自身的诉

---

①③　参见最高人民法院 2017 年度工作报告，http://www.court.gov.cn/zixun-xiangqing－82602.html。

②　参见最高人民法院 2018 年度工作报告，http://www.xinhuanet.com/politics/2018lh/2018－03/25/c_1122587194.htm。

④　周强：《最高人民法院关于人民法院加强民事审判工作依法服务保障经济社会持续健康发展情况的报告》，中国人大网，2020 年 10 月 19 日，http://www.npc.gov.cn/npc/c30834/202010/c25fcabf5b6a43769f2d9c9d419a3a94.shtml，2022年 3 月 12 日访问。

求，之所以涉诉信访数量不断增加，一方面是人民群众对当前司法工作现状的不满，另一方面则是无力承担诉讼之苦、难以寻求有效纠纷解决手段的无奈之举。这些现象所反映的除了司法公正和司法权威的问题，更多呈现出的是司法成本的问题。紧张而又有限的司法资源面临数量逐年激增且又复杂多变的诉讼案件，司法工作水平必然也面临巨大的考验，国家在司法资源捉襟见肘的情况下必然会向诉讼当事人转嫁成本，这又会导致恶性循环。

大力增强司法权威，提升司法效率，让司法为民的口号落到实处，发挥出司法资源最大的效能从而满足更多人的需求，司法成本的控制已成为制约司法改革需要解决的关键问题。

（三）民事司法成本控制的重要性

相对于其他纠纷解决方式，诉讼属于权威性强、更高公正性但成本较高的纠纷解决方式，且有时付出高昂的司法成本却不能获得预期的收益。在我国，诉讼除了诉讼程序复杂、周期长、效率低下、费用高企等民事诉讼常见的弊端，还有执行难问题，司法活动中人际关系的作用导致的裁判不公甚至是徇私枉法，不少当事人托关系请客送礼等诉讼隐形成本越来越大，从而导致诉讼总成本不断增加，老百姓抱怨"打官司难"，想"打赢官司更难"，厌讼情绪增大，因此更愿意选择私力救济，或者是忍气吞声放弃自身权利的救济。正是在这样的背景下，对民事诉讼经济分析理论进行规范性分析及对如何控制民事司法成本进行研究，具有重要的社会价值和司法指导意义。

民事立法的目标是使制订出来的法律能保护民事主体的合法权益，民事司法的目标是作出的裁判给社会带来最大的效益并最大程度压缩司法成本。而由司法实践看，民事司法有过高成本，特别是民事诉讼执行低效是现阶段困扰民事诉讼主体和司法机关的一个较为突出的问题。导致此问题产生的原因是多方面的，显然，立法的不完善和司法工作水平的低下应当说是最主要的原因。因此，在当前司法体制改革不断深入的大背景下，有必要深入分析民事诉讼从法律规范到诉讼程序各方面的缺陷与不足，以便为此问题的解决提供切实可行的方案。要通过降低民事诉讼成本、提升民事诉讼效率，从深层面上破解老百姓"打官司难"，并使老百姓打心底亲近司法，认可司法裁判，从而真正实现司法为民的司法改革价值目标。

民事司法成本控制问题的提出主要源于不断增长的民事纠纷和稀缺的国家司法资源之间的冲突，此外，民事诉讼制度对社会经济发展乃至对整个司法制度的作用也是重要原因。从司法活动的整体看，民事案件的处理是我国法院工作的重中之重，2020年我国法院受理的民事案件占全部法院受理案件数量的55%①，而民事诉讼是整个司法活动的核心，民事诉讼制度是否高效，民事诉讼成本是否得以有效控制，会对社会司法体系的运转效率产生直接的作用。作为对法律的具体落实，民事诉讼具有彰显权威、宣扬法律的效果，可从心理层面为社会主体的预期提供保障。不管在任何时期，社会主体的行为均需要以一定预期为支撑。随着市场经济的发展，交易活动在地理区域层面呈扩张趋势，由此必然导致双方之间的约束更弱，使得交易双方之间必须具有更强的信任预期才能够顺利达成交易。而要保障具有足够的信任预期，除法律外，诉讼活动作出的裁决是最有效的方式，虽然我国的法律不是判例法，但民众依然会通过司法公示寻求法律预期进而指导自己的行为。通过民事诉讼程序解决民商事纠纷是对市场经济发展具有关键影响的基础事项。所以，市场经济中，社会主体的交易行为较大程度受民事诉讼作出裁决的直接作用，如果民事诉讼的成本高于诉讼获得的收益，许多民商事纠纷的当事人会放弃使用诉讼获得权力救济。

① 周强：《最高人民法院关于民事诉讼程序繁简分流改革试点情况的中期报告》，中国人大网，2021年2月28日，http://www.npc.gov.cn/npc/c30834/202102/7232c144bd824d3d8348e4558cceeb02.shtml，2022年3月12日访问。

（四）现代法经济学的发展

1776 年，亚当·斯密在《国富论》中将经济学规律向法律层面扩散，开创了依托成本—收益分析，由经济学视角对法律制度进行评价的先例，对欧洲的司法体系进行了经济学分析。20世纪 20 年代，约翰·康芒斯在其著作《资本主义的法律基础》中，法律与经济学的结合、对交易的理解以及财产权的分割，对罗纳德·科斯等新的制度经济学家产生了巨大的影响。在法律领域，新制度经济学的普及极大程度推动了法律经济学的高速发展。20 世纪 20～30 年代，由美国法学家弗兰克和卢埃林发起的现实主义运动促使人们改变了概念式的法学教学方法和内容，经济与法律的真正结合受到人们的青睐。

1960 年，科斯在《社会成本问题》中提出"交易成本"的概念，为分析法律对经济效率的影响，以及为建立法经济学并推动其发展打下基础。科斯的研究对以法律为对象开展效率分析的方法进行了揭示，也就是基于理性选择的前提条件，围绕成本收益展开探究，其主张应以法律制度为对象开展实证分析，而不是在概念层面借助抽象方式进行推演。所以，在法经济学领域，交易成本分析成为了基本方法。20 世纪 70 年代，在《法律的经济分析》中，波斯纳系统、全面地对各部门的法律展开了探讨与研究，对法律效率进行分析，波斯纳认为有以下两方面的实质意义：其一，本质上，法律制度也需要对司法成本进行控制，并实现经济效率的提升；其二，设立法律制度并完善也需要以经济效率的相关原则为指导。在法经济学领域，不管是波斯纳的效率分析，或者是科斯的交易成本，均是主流的分析范式。随着研究的不断深入，经济学领域有更多先进的方法与理论，一定程度导致其受到冲击。然而，法经济学的基本范式并未被其他理论取而代之，而是以其为基础进行不断的改进与完善。

尽管波斯纳的效率观点受到部分法学界学者的反对，但是需认识到在法律制度分析方面，法经济学由法律主体行为的视角确立了一种分析范式。以前，法学理论对法律制度的分析更多是以哲学视角或是文意角度进行。对于法学家而言，其更多的是强调法律制度的"应然性"，更多重视制度的一般性，而对主体的行为差异缺乏足够关注。法经济学是由"实然"视角对制度运行进行分析，因而对制度与个体行为之间的关联有更多的重视，且认为类似于其他制度，法律也具备对社会资源进行配置的作用。法经济学对法律制度进行评价有以下标准：社会福利能否实现最广泛覆盖，社会资源配置具有最优化状态与否。以上观点与传统法学思维存在截然差异。

随着法学和经济学理论研究的拓展和深入，不管是在司法实践方面或是立法实践方面，经济学均具有更大的影响。由美国的历史能够看出，美国总统曾任命多位法学家作为联邦上诉法院法官；同时，里根总统在1981年颁布总统令，要求以成本—收益分析作为评价标准，应用到新制定的政府规章中。此外，在国际上，法经济学具有不断上升的影响力。法经济学在加拿大、欧洲、日本等地区受到法学界的广泛关注，并进行了深入研究。

在法经济学深入发展的背景下，现阶段，利用经济学方法对法律问题进行分析与研究已成为国内法学界的潮流。但是，面对诉讼、司法成本等方面问题，由法经济学视角进行分析的相对较少，更多是从法社会学的视角进行分析。相比之下，在国外，围绕司法成本或诉讼行为等方面问题进行经济分析比较常见，尤其是在美国，甚至诞生有"诉讼经济学"。众所周知，不管是在制度环境方面或是法律传统方面，我国与美国均存在显著不同。因此，对美国适用的观点或是理论进行原样照搬是没有意义的，但是国内学者需要充分学习并借鉴国外学者的研究成果。所以，国内学者须运用国外先进理论，对本土问题进行解决，且能够提供开展研究的新方法与思路。

二、研究现状

（一）民事诉讼的概念与内涵

要对民事司法成本进行探究，民事诉讼具有的范围及层次是必须厘清的。对于诉讼，大部分人均有一定认识——诉讼就是打官司。但是在外延与内涵方面，甚至是许多法官均难以对民事诉讼进行全面解释。作为研究对象，在民事司法成本研究方面，民事诉讼是必须探究的关键内容。由概念层面对民事诉讼进行释义，是研究民事司法成本问题的基础，对民事诉讼内涵的掌握对研究的深度与方向具有决定性影响，对民事诉讼外延的知悉程度则对研究的广度与视野产生关键性作用。

在人类社会，纠纷是不可避免的，是社会肌体"排毒"采取的手段之一，合理处置纠纷能够使得社会机制的发展更具有合理性、更为完善，不管是哪个国家，均对解决纠纷有高度的重视。民事纠纷是自由主体之间以民事权利义务为内容的社会纠纷，是处理自由主体间人身及财产关系的法律规范的总和，民事纠纷主要分为两大类：其一，人身关系民事纠纷；其二，财产关系民事纠纷。在现代社会，不管是民事法律关系的发生，或者是终止民事法律关系，均由个人决断。因此，面对纠纷，纠纷当事人可采取由社会救济的（涵盖有仲裁或第三人调解）方式解决，也可以采取自力救济（也就是双方达成和解）的方式解决。当然，在解决纠纷方面，民事案件当事人也可以以对公救济的方式（也就是民事诉讼）解决自身纠纷。

民事诉讼是诉讼过程中，以民事实体法与民事诉讼法的适用为依据，法院、当事人等对民事纠纷案件进行解决的各类诉讼活动及其产生的法律关系。从这个角度看，民事诉讼是民事审判活动，参与主体有当事人、法院及其他诉讼人等，且涵盖强制执行程序。而由狭义视角看，民事诉讼即民事审判活动。在研究民事诉讼法方面，一般以三角形具有的三顶点看待法官、法院与当事人，三者均必须存在。从经济学视角看，最大化实现利益诉求是个体的共性目标。人作为民事诉讼活动的主导者，在司法资源配置的任意阶段均有重要影响。在民事诉讼中，不管是当事人与另一方当事人，当事人与法院，或者是法院与法官，彼此均会产生密切交互。他们意图达成何种目标的最大化？他们采取怎样的方式实现目标？对主体利益的均衡，民事诉讼制度应怎样实现？

从制度层面看，民事诉讼是一系列对诉讼主体最大程度实现社会收益具有激励效果的规则。从此视角看，民事诉讼反映为上诉程序、举证责任规则、再审程序、一审程序等具体的程序与规则。之所以运行各类制度，其目的是对人进行激励，以确保能够对社会资源进行最优配置。国家应怎样进行制度设计，以对各主体产生激励，进而实现民事诉讼创造的社会收益的最大化，也是本书意图解决的问题之一。

（二）司法成本与诉讼成本、审判成本之间的关系

近年来，司法成本的研究更多地受到社会与国内学者的关注，由此产生了部分具有相似性的概念。其中，与司法成本概念相比较，较为接近的有"审判成本""诉讼成本"，所以在各类文献资料中以上概念应用频率较高，存在严重的混淆，部分学者以诉讼成本作为研究重心，因而使得诉讼成本与司法成本直接对等，此外，也有部分学者认为两者具有对立关系，认为前者是个人支出的成本，后者是国家支出的成本[1]；同时，在内涵界定方面，部分学者以分类的方式进行替代[2]。针对公共服务概念，本书全

---

[1] 张卫平：《民事诉讼基本模式：转换与选择之根据》，载《现代法学》1996年第6期。

[2] 文桃丽：《司法成本的分类研究》，载《湖南省政法管理干部学院学报》2002年第6期。

面梳理了国内外学界提出的各类不同观点，并对三者间具有的关联及存在的差异进行了分析，后文以拓扑图的形式作简单介绍：

由图0-1能够看出，无论是诉讼成本、司法成本或者是审判成本，以上三者之间均具有密切关联，然而不具有完全等同性：

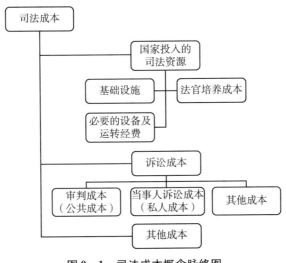

图0-1　司法成本概念脉络图

（1）司法成本与诉讼成本不具有等同性，其中，司法成本是以行使和维护司法权为目的，国家进行的投入，不仅含有司法活动任意运作环节产生的成本，也含有行使司法权力过程中，为建立健全司法体制，国家必须投入的司法资源，及保障司法体制有序运作及培育法官队伍需要投入的运转经费与设备费用。

（2）诉讼成本是以每一次诉讼行为为单位的全部投入，既包括诉讼过程中审判机关的投入，也包括诉讼过程中当事人的投入，然而具体计算诉讼成本并不是对两者进行简单相加，其原因是诉讼成本不仅涵盖可以量化方式进行计算的物质成本，也涵盖精神成本，譬如：社会道德成本、诉累成本等。此外，依多种不同标准，众多学者对诉讼成本进行了划分，譬如：波斯纳划分司法成本为两部分：直接成本、间接成本，基于以上分类，部分学者对诉讼成本进行了更为细致的划分，譬如：精神成本、隐性成本、综合成本、诉中成本、诉前成本等。对于案件诉讼成本，大部分学者进行的分类是：伦理成本、间接成本、直接成本等。

（3）审判成本是审判过程中审判机关的投入，它与诉讼成本是不同的，如果诉讼过程中当事人的投入是诉讼私人成本，那么在审判过程中审判机关投入的成本就是诉讼公共成本。需要注意的是，在审判中，法官承担着具体执行的职能。所以，不管是法官的职业培训成本、知识积累成本还是薪酬支出等，均应纳入审判成本，然而从现行体制看，以上支出均由国家财政投入。

三、研究思路与研究方法

（一）研究思路

民事司法成本控制具有较大的涉及面，所以本书不仅对诉讼制度的完善进行探究，还以完善我国民事司法制度为重心开展民事司法成本控制研究。研究以司法改革为背景，并结合现实社会需求，对研究具有的必要性进行了阐明——民事司法成本控制问题的解决具有极大的迫切性。然后，基于国内法律环境，对法经济学与法学方面的相关理论进行整合，进而初步建立理论框架，结合具体实情，对存在的问题进行分析并制定解决办法。由宏观层面看，作为制度之一，民事诉讼的主导是人。实质上，实现民事司法成本控制的过程具体是各主体为实现最大化利益而发生妥协、冲突、分担等行为的过程。同时，制度规则对民事诉讼主体的策略与行为产生引导、激励作用。

本书以对国内外已有文献资料进行研究为切入点，查找出能够为后文研究提供支撑的理论依据。在民事司法成本控制方面，国内现有研究更多倾向于本地化问题，研究以理论分析为主，缺乏实证方面的研究与分析。在国外，学者更多是分析西方诉讼经济学的主要观点。本书对国内研究与国外研究之间的差距与不同进行了比对分析，以汲取经验与教训。

与相关理论成果相结合，本书对民事司法成本控制涉及的相关问题进行了分析，并阐述改进建议，总体而言，本书的目标是要层层递进地解决民事司法当事人的司法成本控制问题。首先是控制和节约成本，考虑到我国司法资源的匮乏，只有节约和控制司法成本，提高司法效率，才能充分发挥我国司法资源的效力，实现公平正义。其次，在国家成本与个人成本、当事人成本之间，当事人和社会成本之间进行分担，从而扫清司法当事人通向正义之路的经济障碍。最后，司法能动倡导的诉前干预和诉后干预为司法当事人充分地减轻和降低负担，真正地实现司法正义。

（二）研究方法

1. 比较研究法

本书查找国内外诉讼经济学相关的各类研究成果并采用比较研究法进行比较与分析，然后进行总结。由此对现阶段民事司法成本研究的具体状况进行全面掌握，查找出存在的问题并进行解释。一方面，笔者经对相关文献进行深入的分析，对此类文献存在的不足进行了阐明；另一方面，通过比对中外研究背景的差异，笔者对两者具有的差异进行了深度挖掘，并对能够可借鉴与学习的范围进行明确，继而为后续研究的开展明确方向。

2. 实证研究方法

依托由理论层面对民事司法成本控制分析得出的结论及相关界定，本书基于部分假定条件，以具体的民事司法成本控制问题为对象，采用计量分析、数据统计的方式对法院的效率问题、当事人的诉讼选择行为展开了分析，以期能够为完善民事司法成本控制提供有效建议。

3. 规范分析方法

对民事司法成本进行分析，不仅需要梳理相关法学理论与概念，而且需要探讨并分析对经济学分析具有基础作用的部分理论。主要利用均衡分析、成本—收益分析、边际效用分析等法经济学方面的部分基本方法对民事诉讼主体的行为决策进行探讨，并分析各主体间的关系。

同时，本书也使用了案例分析、博弈论、历史分析等方法进行分析与研究。

四、研究的技术路线

本书研究的技术路线图如图 0 - 2 所示。

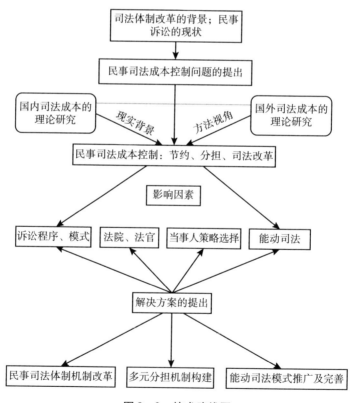

图 0 - 2　技术路线图

五、基本内容与主要创新点

（一）基本内容

导论部分对为何以民事司法成本问题作为研究对象进行了解释，并对需解决哪些问题、意图采取何种方法及利用何种途径解决问题、预期实现怎样的结果进行了说明。起诉难、纠纷频发、判决迟延、司法资源缺失、当事人因经济原因难以获得司法救济等问题是民事司法面临的现实困境的极大体现，经济学从理论层面为以成本分析方式为法律制度进行研究提供了有力支撑。

第一章首先对新一轮司法改革的背景和主要内容进行了介绍和阐述，并对本书所涉及的重要概念司法成本的现有研究进行综述，对司法成本、诉讼成本、审判成本等几个相近概念进行了辨析，指出了司法成本概念研究的趋势，本章还对民事司法成本控制的意义进行了阐述。

第二章明确了民事司法成本控制的评价标准及影响因素。本章首先陈述了民事司法成本控制的现状和问题，并指出了民事司法成本的控制标准——正义实现与司法效率提升，确定了民事司法成本控制的主要影响因素，包括国家司法制度设计、法院审判程序完善、法官素质、当事人诉讼策略选择等方面，为后面章节的完成确定了脉络。

第三章从国家层面对民事司法成本控制进行了探讨，分别从法院、法官、民事诉讼程序完善三个角度进行了分析，法院效率不高是导致司法成本较高的主要原因，而其根源则包括法院内外部体制的行政化、优秀法官的缺乏、法官个人效用和法院效率目标的冲突等方面；民事诉讼程序的完善则包括诉前程序、一审程序、上诉程序和再审程序的完善。

第四章从当事人的视角对民事司法成本的控制进行了研究，

民事诉讼当事人的诉讼偏好和诉讼策略都会影响当事人的诉讼成本，而影响当事人采取和解这种成本较低的非诉纠纷解决方案的因素众多，影响较大的有当事人掌握的信息及诉讼成本等。

第五章介绍了民事司法成本控制的另一种思路：多元分担，以整体方式解构民事司法成本，而不是仅以诉讼费用为对象进行局部解析，查找出分担诉讼成本与审判成本所需的正当化依据，对私人成本与公共成本之间的界限予以厘清。基于此建立起司法成本第一层次分担规则，该规则的目标是以当事人诉讼负担及国家司法公共资源投入为对象，对两者关系进行平衡。第二层次成本分担规则的核心以各当事人为对象分配诉讼成本，不仅须对分担诉讼成本的合理目标进行设定，也须对在诉讼制度方面成本机制具有的调节功能进行兼顾，由全局层面完善司法制度。第三层次成本分担原则须以诉讼成本分担方面社会组织及法律服务市场具有的效用进行释放，具体成效主要受法律规则及职业伦理建设的控制。

第六章对民事司法成本控制方面能动司法具有的影响进行了分析。本书以由理论起源视角对能动司法进行分析为切入点，对能动司法在中国语境下内涵进行界定：其一，审判活动方面的能动，要求在审判中法官须强化自身的调解能力与主动性，并更为全面地了解案件；其二，社会治理方面的能动，法院（法官）须积极介入社会治理，利用"法官进社区""送法下乡"等方式处置潜在纠纷。在能动司法情境下，法官须具备更全面能力（不仅需有较高专业水平，而且对处事经验、生活阅历也有要求），以及更深投入。某种程度上，个案是具有固定成本的，法官投入的增多会节约当事人的成本，同时能动司法更多倾向于调解结案，使得当事人解决纠纷所需成本更为降低，并会削弱公平审判的负面影响。[1] 此外，法官受能动司法的影响会更多地追求实用性，进而得

---

① 《政法工作五年成就：深化司法改革，维护公平正义》，载《法制日报》2017年10月10日。

出能够最大程度获得当事人满意的结果，且可以积极态度解释法律原则，对案件准确性的提升具有积极效果。但是，在民事诉讼效率方面，能动司法存在一定消极影响。能动司法使得法院具有更为扩大的职责范围，进而导致法院面临更重负担。同时，过多追求调解也会导致诉讼效率更为降低。因此，能动司法的应用，需与个案效率、司法克制、社会效率、调审结合之间保持平衡。

最后，对以上各章节的结论进行总结，并揭示研究的不足，然后作出后续研究展望。

（二）主要创新点

本书的研究思路与国内法学界的传统研究存在区别，也未照搬国外诉讼经济学方面的原有研究范式，而是充分融合两者的研究亮点并进行补充，且以我国语境为基础，构建起民事诉讼法经济学的基本框架。具体有以下创新：

（1）由法经济学层面，对"民事司法成本"在中国语境下的具体概念进行了明确，并由多重角度对民事司法成本的内涵进行了深入分析，以我国民事诉讼法经济学为对象，逐步推进分析基本框架的构建，依托程序合理分配诉讼成本，以使得在成本、时间约束下实现准确性的最优化，不仅提升审判速度，也涵盖合理平衡诉讼数量与个案成本、合理平衡诉讼成本与错误成本。

（2）本书并未以当事人诉讼成本为研究局限，而是以当事人行为为切入点，对民事司法成本控制与法官、当事人、法院之间相互关系之间存在的关联进行分析，反映出当事人行为在我国现行民事诉讼混合主义模式下具有的重要性，并实现对民事司法成本研究路径的拓宽。

（3）本书以能动司法为对象，由成本控制方面进行分析，认为能动司法是在制度层面遵循司法政策对法院"生产"方式进行设置，在民事司法成本控制方面发挥着关键性作用。民事司法成本控制能否实现，核心是怎样对司法具有的克制性与能动性、社会效益与个案成本、调解与法院审判之间的关系进行合理平衡。

（4）此外，本书整合相关创造性观点并梳理了诉讼法经济学相关的资料与文献，为司法成本研究的深入提供部分理论借鉴。

第一章

民事司法成本控制的
相关理论阐述

一、新一轮司法改革的主要内容及目标

党的十八大报告指出："进一步深化司法体制改革"。此后，十八届三中全会、十八届四中全会对新一轮司法体制改革作出了详细部署。2013 年 11 月，十八届三中全会从保障司法权和检察权依法独立公正行使等方面制定司法改革任务共 18 项。2014 年 10 月，十八届四中全会部署了 129 项司法改革任务，从六个方面提供司法公信力、保障公正司法①。至 2017 年 7 月底，中央全面深化改革领导小组共审议并批准 46 份司法改革文件②。另外，习近平总书记心系司法体制改革，为推进司法体制改革工作的加速落实，多次作出重要指示。自 2014 年起，中央司法体制改革

---

①② 《政法工作五年成就：深化司法改革　维护公平正义》，载《法制日报》2017 年 10 月 10 日。

领导小组审议通过的司法改革重要政策文件多达 71 份①；听取了专家、学者和律师的意见，积极发现问题，解决问题，确保改革朝着正确的方向发展。

司法改革并非初次推行，但本轮的司法改革却意义非凡，影响深远。党中央高度重视这一轮司法体制改革，有别于此前零敲碎打的局部改革，本轮改革进行了统一部署。设立全面深化改革领导小组，由习总书记亲自出任组长，负责对重大司法改革举措进行审定。从科技含量、领导水平、改革深度、配套设施等方面看，本轮司法改革与以往不同。这一轮司法改革的基本特点为：坚持党的领导，坚持以宪法为根本，坚持司法规律，坚持从中国特色社会主义国情出发，坚持顶层设计和基层探索相结合，坚持依法有序推进，坚持运用现代科技破解难题。习近平总书记提出的两个"坚定不移"，即坚定不移推进司法体制改革，坚定不移走中国特色社会主义法治道路，是本次司法体制改革的根本原则。

二、当前司法改革的进展及成效

自十八大以来，在党中央的正确指导下，新一轮司法体制改革取得显著成果。129 项改革事项中，尚在对改革方案进行研究的仅有 11 项，其他均已制定有明确改革意见。其中，最高法承担的18 项改革任务已全部达成，各级地方法院也已全面落实"四五改革纲要"明确的 65 项具体改革举措②。最高检承担由中央部署的改革任务共 29 项，均已结项或是已基本完成③。总体上看，本轮司法体制改革中的四梁八柱改革基本实现既定任务，且成效相对突出。

---

① 《政法工作五年成就：深化司法改革　维护公平正义》，载《法制日报》2017 年 10 月 10 日。

② 马渊杰：《周强主持召开最高人民法院司法改革领导小组会议强调加强督察狠抓落实推动司法体制改革全面落地见效》，载《人民法院报》2017 年 7 月 5 日第 1 版。

③ 孙春英：《各地遴选出 87 284 名员额检察官》，载《法制日报》2017 年 7 月13 日第 3 版。

本轮司法体制改革进行多项具体改革，极大提升了司法机关的独立性。第一，在人财物方面，以循序渐进原则为指导推进具体的体制改革举措，譬如：实现由省一级对省级以下地方司法机关人财物的管理。现阶段，此项工作正稳步推进、有序实施，全国范围内的省级财物统管改革已在大部分省份得到落实，推行省级财物统管改革的初期，有部分基层法院面临经费短缺状况，现阶段已采取由财政层面加大拨付规模等手段作出积极应对。上移人财物管辖权，能够削弱地方政府与地方司法机关之间的横向关联，使得地方司法机关所面对的掣肘因素更为减少，实现对司法判决受地方政府与党委影响的有效阻断，使得地方司法机关具有更强独立性。第二，超出原有行政区划，进行司法辖区的划设：在南京、深圳、郑州等地区，最高法设立了巡回法院；在上海、北京等地区，最高法设立了具有专门的知识产权法院。通过进行以上具体改革，有效阻断了地方政府与司法机关间的关联，对司法机关摆脱行政干预以及消除地方保护主义的潜在作用有着重要意义[①]。第三，严控领导干预干涉司法活动，由此实现对此类行为的极大遏制。每年中央政法委都会对涉及领导干部干预司法活动的典型案例进行通报，取得的警示效果显著，同时在领导干部干预司法活动方面加大力度，进行问责与追究。第四，改革使得在抵制不当干涉方面司法人员的抵抗能力更为提升，解决了司法人员依法履行职责的顾虑，为他们依法履行职责提供坚实保障。

三、司法改革的前景瞻望

（一）在具体制度改革中坚守司法规律

为确保本轮司法改革的具体实施与司法规律相一致，必须对

---

① 张金才：《中共十八大以来司法体制改革的进展及成效》，载《当代中国史研究》2016 年第 3 期。

司法规律仅在理论层面获得关注与重视，在具体实践方面弃用司法规律的状况作出改变。在已进行的多项司法改革中，理论层面与司法规律相符而在具体制度方面与司法规律存在冲突，或是某种制度与司法规律相符而与其存在直接关联或配套的制度与司法规律存在冲突，或是法律规则与司法规律相符而潜规则对司法规律的释义存在扭曲或撕裂状况的现象频繁出现。

值得期待的是，随着本轮司法改革的推进，能够看出司法制度的改革呈现出以司法规律为指导的趋势。2014年，经研究决定，"各高级人民法院考核排名"的制度规定被最高法废除，一系列缺乏合理性的考核项目被取消，具体有批捕率、结案率、有罪判决率等，对为追求考核而采取的不合理做法进行了批评，譬如：年底为获取更高结案率而采取不受理案件的行为[①]。受法院内部考核的影响，司法办案的功利性特征更为显著，不仅增加发生冤假错案的可能性，且导致司法具有的公信力严重受损，同时更是对司法理性的极大违背。法院考核排名的废除，不仅是对审判权应具有的独立性及中立性的极大反映，也对实现司法行政化的消除、保障司法机关具有的独立地位具有积极影响。

在十八届四中全会精神的指导下，为使得立案难问题得到解决，切实保障人民享有的诉权，体现司法为民的特征，最高法在2015年出台了《关于人民法院推行立案登记制改革的意见》，对过去实行的"立案审查制"进行改革，制定更为合理的"立案登记制"，案件只需要满足法院受理规定，那么法院须无条件受理[②]。在21世纪初，是否应废除立案审查制成为学界争辩的焦点，在修改民事诉讼法的专家意见中，江伟等法学界的学者就有

---

① 兵临：《最高法取消考核排名回归司法规律》，载《新华每日电讯》2014年12月29日第3版。

② 张雪花：《最高法负责人就〈关于人民法院推行立案登记制改革的意见〉答记者问》，新华网，http://news.sinhua-net.com/legal/2015-04/15c_127692652.htm。

阐述建立"立案登记制"的观点。① 立案登记制是在立案方面进行形式审查，而不是原有的实质审查，以充分界定立案的程序与范围的方式，切实保障当事人在理性状况下能够行使自身应有诉权，最大化释放司法资源的效用，并使得社会纠纷能够以更高比重转化为司法纠纷，以使得司法机关可为群众提供及时的司法救济②。

由以上内容能够看出，在司法改革的进程中，核心为司法规律的司法权理论具有愈加提升的重要性与地位，如此也反映出司法改革理论对司法权理论有更高的重视，并逐步向司法规律回归。然而，在具体实践方面，制度扭曲等状况仍旧存在，譬如：考核依旧应用广泛，从而表明回归司法规律无法在短期内实现，需要超长期坚守。所以，必须从具体制度设计、理念、实际运行等方面全面探究司法改革问题，并遵循司法规律，对制度的设计合理及执行与否具有必要性进行判断。不管是何种制度，如果与司法规律相冲突，不管其在社会稳定与发展方面效果怎样突出，均必须对此项制度进行重新审视，并明确其与司法规则的冲突或相容程度，然后作出取舍。

（二）尊重国情的合理性制约

对国情与司法权理论之间关系进行协调以及进行中国化司法权理论的建构具有以下前提要求，那就是对司法权理论的首要地位有高度认识，遵循司法规律，并对司法权理论方面我国国情具有的合理性限制给予尊重。从戊戌变法至新中国成立初期，长时间沿用的传统法律被抛弃，相继在国内移植欧陆法律制度、部分英美司法制度与理念、苏联司法体制，然而取得的效果未实现预

---

① 李强：《立案登记制：司法重视诉权的理性回归》，载《社会观察》2015 年第 5 期。

② 许尚豪、瞿叶娟：《立案登记制的本质及其建构》，载《理论探索》2015 年第 2 期。

期目标。孟德斯鸠提到，不管是哪种司法制度，都是以本国政治体制为基础建立的，如果能够适用其他社会体制，那么仅是巧合①。同样，沈德咏也提到，"司法体制具有不可超越性"②。由此能够看出，司法体制的应用，必须对现实方面具有可行性与否进行充分考量，而不是"拿来就用"。但是，中国到底具有怎样的国情，尚且不具有统一认识。需要结合实情进行深入探究，不然就会出现国情被司法规律限制或是司法规律的适用受到国情的制约等问题。

受多种因素影响，在较长时间内，我国大部分民众不具有现代法治理念，尽管随着普法教育活动的全面普及，民众的法治观念得到大幅度强化，但是受我国各地区之间司法资源不均衡、地区物质条件存在较大差距、人口基数大等因素限制，法治文化尚未实现在全国范围内的广泛普及，特别是农村与城市之间有明显不同，甚至是发生"有法不依"又或是"法律万能"的极端状况。此外，社会发展速度过快也使得法律层面须对各类社会关系、新兴权利进行调整。从宏观层面看，我国具有非常复杂的国情，且尚未有大致统一的认识。

对司法改革国情因素，学界主要由以下两方面进行探讨：第一，我国的司法理念主要分为"国情论"及对西方司法制度与司法理论的引入持积极态度的"西化论"。其中，国情论对移植西方司法理念持反对态度，而是坚持结合国情，以群众需求为导向，推进司法的大众化；西化论则是以西方司法权制度及理论作为参考，对马锡五式审判方式等制度进行批判，倡导实现司法职业化、司法独立。国情论尽管较为充分运用了司法传统资源，然而法治阶段性特征与司法国情发生混淆的可能性较大，进而面临

①　[法] 孟德斯鸠：《论法的精神》（上），张雁深译，商务印书馆 1993 年版，第 6~7 页。

②　沈德咏、曹士兵、施新州：《国家治理视野下的中国司法权构建》，载《中国社会科学》2015 年第 3 期。

脚痛医脚、头痛医头的状况。但是，西化论尽管对西方现代司法经验有较多的参考，对价值取向（譬如程序正义、司法独立等）有更高重视，然而存在以西方言论对我国司法改革的优劣进行评判、以西方司法模式为指引推进我国司法改革的倾向。第二，在对司法改革方面国情具有的重要性进行了肯定后，司法规律与国情之间的冲突受到更多学者的关注。譬如张泽涛[1]、杨建军[2]等。

第二节 司法成本的概念与研究趋势

一、司法成本的概念及构成

自 20 世纪末以来，司法效率问题就引起国内学者的广泛关注与重视，并进行全面的分析与研究，诞生了大量的相关研究成果与著作。正是在该时期，在我国法学研究领域，引入了与"效率"关系紧密的"成本"概念。近年来，随着我国司法改革的深入推进，"效率"的重要性得到明确。所以，作为效率理论的核心，"司法成本"更多地获得司法实务界与理论界的关注。选取"司法成本"作为关键字，在中国知网平台进行论文检索，能够查出有 332 篇相关文献，而涉及此概念的论著则达到 35 642 篇之多[3]，能够看出司法成本是理论界研究的焦点问题。而在司法实务界也面临大致相同状况，"司法成本"具有的关注度极

---

① 张泽涛：《法院向人大汇报工作的法理分析及其改革——以十八大以来法院体制改革为主线》，载《法律科学（西北政法大学学报）》2015 年第 1 期。

② 杨建军：《司法改革的理论论争及其启迪》，载《法商研究》2015 年第 2 期。

③ 资料来源于中国知网，https://kns.cnki.net/kns8/defaultresult/index，2022 年 3 月 11 日检索。

高。2009 年 7 月，甘肃省张掖市召开了"司法成本与司法效率研讨会"。此后，2010 年 11 月，吉林省吉林市召开了"司法成本与司法效率国际研讨会"。在以上会议中，围绕诉讼程序改革、司法资源配置、人民法院管理改革等问题，司法界与众多学者进行了深入的探讨，由此能够看出司法实务界与理论界对"司法成本"问题的关注与重视。但是，不管是司法实务界，或者是理论界，对"司法成本"的定义离实现观点统一尚有较大差距，甚至有部分学者的见解与观点呈对立关系。

对司法成本的含义，学界的观点各异。棚濑孝雄认为[①]，司法成本是审判活动中国家投入的成本，即法院以开展审判工作为对象制定的预算；司法成本与诉讼成本存在差异，诉讼成本是诉讼活动中由当事人支出的费用。张卫平提到，审判成本与诉讼成本存在不同，审判成本是审判活动中审判机关的投入，诉讼成本涵盖诉讼全过程产生的全部成本，不仅有诉讼活动中审判机关承担的费用，也涉及诉讼活动中当事人的投入。但是，诉讼成本并不是简单计算总和。笔者以为，司法成本亦可称作司法投入或司法资源，是司法活动中产生的社会资源消耗，主要涵盖当事人、国家专门机关在执法、立法等活动中投入的各类资源，譬如财力、物力、人力等。

从构成看，司法成本主要涵盖：

（1）保障司法机关系统正常运行的必需投入。我国特殊司法体制下存在的司法行政机关与公安行政管理机关履行自身职能所需的投入不作计算，仅司法机关的组成就有两个规模庞大的系统：审判机关系统、检察机关系统。仅以法院进行分析，依照宪法的规定，我国政权组织为四级架构，由下至上依次是乡（镇）、县（市、区）、省（市、区）、中央，此外，现实中还存

---

① ［日］棚濑孝雄：《纠纷的解决与审判制度》，中国大百科全书出版社 1994 年版，第 304 页。

在演变自地区的地级市。派出机构不作考虑，法院的架构也有四级，由下至上依次是县级基层人民法院、中级人民法院（覆盖地级市或地区）、省高级人民法院、最高人民法院，此外，还有部分专门人民法院，譬如解放军军事法院、铁路运输法院等，组合成具有庞大规模的系统。要保障司法机关系统的正常运行，国家财政必然需投入极大体量的资金。

（2）高水平、高素质司法人员队伍的教育与培训也需要投入巨量资金。司法的核心职能是以对个案作出判决的方式实现对法律要求、作用的具化，并具体落实。司法机关的核心任务是止纷息争，对社会中各方之间的利益关系进行协调。作为任务的具体执行者，司法官不仅需要具有较高的知识水平与法律专业素养，也需要具备敬畏人权，忠于事实、正义，忠于法律，认同公平等品质与良知，以及对客观事物的认知、分析与判断能力及由年龄积累的阅历与经历。打造高水平、高素质的司法官队伍，是法治进程深入发展的必然要素，是国家与民族需实现的长久使命。而要实现该目标，培训与教育是必须进行的。司法官队伍具有庞大规模，对其进行系统的培训与教育需要国家投入巨量的资金，而且作为接受培训与教育的司法官个人也需要承担部分成本，如果投入不能够满足需求，那么就难以构建高素质的司法官队伍，在引进社会人才方面也缺乏吸引力。

（3）经费与装备方面的必要成本。法律的适用，实质是处理案件，而处理案件的前提是具有物质保障，此类物质保障有两部分：经费、装备。如果缺乏必要的经费与装备保障，那么办案就是空谈。

（4）当事人诉讼成本。是诉讼中当事人投入的诉讼成本，主要有：①为进行诉讼，当事人交纳给法院的诉讼费用；②在聘请律师等方面，当事人支出的费用；③为进行诉讼，当事人直接承担的其他费用支出（譬如：因赴外地开庭、收集证据等活动，当事人与其诉讼代理人产生的住宿费、交通费、餐饮费与通信费支出，为申请执行及申请诉讼保全承担的费用支出等）；④在诉讼中，当事人争议的财产及相关财产因法院执行财产保全而被冻结、扣押、查封或作为担保而难以正常使用、投入经营与生产而产生的经济损失；⑤因诉讼活动，当事人产生的时间与精力的耗费；⑥因妨碍诉讼，当事人被采取强制措施而产生的时间耗费与需缴纳的罚款等。

二、司法成本概念研究的趋势

（一）司法成本的内涵不断丰富

司法成本的内涵需向精神成本（涵盖有社会道德成本等）扩展，而不能以能够量化的物质成本为固有界限。波斯纳提出，司法成本即经济成本。贝勒斯则提出，除错误成本与直接成本外，司法程序中也存在道德成本，也可称作是伦理成本。贝勒斯认为，不管是因错误裁判而使得当事人等面临精神损失、名誉损失，或是因错误裁判或不当追诉而使得国家司法机关获得民众的消极评价而产生的尊严、信念与权威性方面的损失，均是社会道德成本。

近年来，随着更多的"问题个案"曝光，民众反响强烈，如此不仅使得司法机关的权威受损，而且有可能引发更为严重的"司法信任危机"，一旦发生"司法信任危机"，司法机关要对司法权威进行重塑将会耗费巨大代价，且未必能够成功。因此，伦理成本的研究受到国内学者的关注与重视，部分学者认为，因诉讼程序太过烦琐，以及诉讼耗费过长时间的影响，由此产生的"诉累"也应归类于伦理成本。

（二）司法成本外延不断扩展

司法成本研究方面，由司法机关视角，部分学者认为司法成本是审判中司法机关的投入；由当事人视角，部分学者认为司法成本是单次诉讼活动中当事人支出的诉讼费用；在社会法治进程不断深入的背景下，加之司法改革的影响，学者也更多地意识到研究视角太过单一是不能够满足司法改革需求的，也难以提升司法效率，由此使得司法成本具有越加扩展的外延，现阶段接受度较广的司法成本外延不仅有单次诉讼活动中个人与审判机关的诉讼投入，也涵盖有保障司法体制正常运转的投入。

此外，有部分学者提出"交易成本"概念，也就是司法制度设计与运行的成本。现阶段，我国司法的直接成本并不高，然而因各类制度在司法过程中的交互影响及司法权力的制衡等影响，导致财力、物力、人力出现大量的耗费，以上说法虽是对司法事实的部分反映，然而与其他成本存在重叠的部分（譬如执法成本、立法成本）尚待明确。

（三）司法成本的控制与司法价值目标相适应

在司法成本研究的初期，不论是司法实务界或是理论界，均以司法成本的控制作为研究重心，并以当事人或法院的不同视角展开分析，进而阐述改革方案与建议，譬如对审判程序进行瘦身、推进司法成本分担机制的优化等。而在近年，贝勒斯与波斯纳均有提及的错误成本受到学者的关注，错误成本是错误司法判决产生的耗费，其原因是任何错误判决均会使得原本利用的资源不能够发挥效能，所以会出现错误成本。伦理成本与错误成本之间有着密切关联。在诉讼中，如果不出现错误判决，那么也就不会出现伦理成本；若是诉讼中有出现较多的错误，相应会产生较高的伦理成本。在司法活动中，直接成本的耗费是避免不了的，问题在于所耗费的量的大小。虽然直接成本的压缩能够创造经济效益，然而直接成本的降低通常伴随着更高的错误成本，也就是说，适当支出错误成本能够实现直接成本开支的节约。但是，若是具有过高的错误成本，远超节约的直接成本，则不具有经济性。所以能够看出，对效率片面追求，而其他司法价值目标（譬如自由、正义、秩序、平等、安全等）过多忽视，那么可能会出现反向结果，须以司法价值目标为引领，方能够合理实现司法成本控制。

第三节　国内外学者的诉讼效率观

一、国内学者的诉讼效率观

谭世贵等（2002）提出，效率不仅含有"省""快"的含义，也含有"充分利用"的含义。[①] 凌永兴（2007）提出，诉讼活动的推进速度以及诉讼中节约与利用各类资源就是诉讼效率。[②] 郑小兵提出，诉讼效率的根本是以对司法资源配置进行优化及设计诉讼程序的方式，使得诉讼目的得以最大化达成。[③] 张建伟、孙洪坤（2007）提出，"诉讼效率是投入一定的司法资源以实现诉讼收益的最大化获取，实现司法资源的最大化利用。"[④] 汤维建（2004）以主体视角展开分析，认为诉讼效率是各类主体行为在诉讼程序中具有的效能。[⑤] 李浩（2005）提出，诉讼效率仅与纠纷处置产生的成本及速度相关。[⑥] 江涛（2011）认为，诉

---

① 谭世贵、黄永峰：《诉讼效率研究》，载《新东方》2002 年第 2 期。
② 凌永兴：《民事司法改革中的诉讼效率研究》，南京师范大学博士学位论文，2007 年。
③ 郑小兵：《对诉讼效率与审级制度改革的思考》，引自《中国司法改革十大热点问题》，人民法院出版社，第 114 页。
④ 张建伟、张永权：《论程序公正与诉讼效率的关系》，载《淮北煤炭师范学院学报》（哲学社会科学版）2007 年第 6 期。
⑤ 汤维建：《论司法公正的保障机制及其改革》，载《河南省政法管理干部学院学报》2004 年第 6 期。
⑥ 李浩：《论举证时限与诉讼效率》，载《法学家》2005 年第 3 期。

讼效率是基于程序公平、程序规则具有合理性的前提，诉讼主体以最低诉讼成本，借助良性协同互动，使得主体间的纠纷得以最快速解决；[①] 同时提出，民事诉讼效率的产生涉及众多影响因素，从程序运行视角看，涵盖诉讼结果公正率、案件审理的时间、诉讼行为的有效性、诉讼程序繁简、诉讼的合并制度、诉讼费用高低等。

凌永兴（2007）提出，以效率影响的对象为区分，民事诉讼效率可分为三类：法官效率、法院效率、当事人效率。[②] 其中，法院效率是民事纠纷处理方面法院耗费的费用与时间，法官效率是指法官或（合议庭）承办具体案件所用的时间和费用；当事人效率是当事人在案件的所耗费的时间与成本。

或简单或复杂，上述观点均认为，成本、时间是对民事诉讼效率进行评价的基本要素。且需肯定的是，主体的作用更多地受到上述观点的关注。但是，以上研究对民事诉讼程序运行效率有较多关注，且对成本最小化与审理案件耗时有更多的重视，而对成本、时间与准确性之间存在的关系较为忽视。

此外，在研究诉讼程序的效率方面，国内学者大都是由完善程序的视角进行分析。研究主要涵盖以下内容：审前程序、简易程序、审理期限、小额程序、再审程序等。此类研究主要有以下思路：围绕司法效率、公正受现有程序的制约展开研究，继而主张以德、英、美等国的先进经验作为参考，推进改革。因具有较多的研究论述，本书仅对部分进行列举。

章武生认为，需对现行建议程序进行改革，使其更具便捷性，以此提升民事诉讼效率[③]。齐树洁认为，为使得民事案件集

---

① 江涛：《民事诉讼效率研究——以程序设计为主要视角》，复旦大学博士学位论文，2011 年。

② 凌永兴：《民事司法改革的诉讼效率研究》，南京师范大学博士学位论文，2007 年。

③ 章武生：《民事简易程序中的公正与效率》，载《诉讼法学研究》2002 年第 2 期。

中化审理的诉求得以达成，应由审理结构方面对现行审前程序进行改革或调整。他提出，我国现行的审前程序尚缺乏足够的独立性，应以德、美等国的立法经验作为参考，实施改革①。汤维建提出，应以集中审理主义与当事人主义为根本要求，推进审前程序改革，且需要对争点整理、证据交换、审前会议等各项程序与制度进行明确②。

不管是进行理论研究，或是围绕程序的改进展开分析，国内学者更多是以实现最低的诉讼成本、提升程序运行效率为目标，且对个案效率更为关注，未能够充分考量社会整体效率。

二、国外学者的诉讼效率观

在国外，与诉讼效率相关的各类研究理论大都出自普通法系。对于诉讼效率，普通法国家学者认为其含有以下两方面含义：第一，规则效率；第二，程序效率。塔洛克（Tullock, 1980）提出，规则效率是以判决方式确立的规则能否实现权利分配的经济效率；程序效率衡量的是由诉讼至判决期间程序运行具有经济效率与否③。

对上述学者来讲，在普通法中，诉讼制度以规则效率作为最终目标。波斯纳认为，从整体上看，普通法是可实现社会经济效率最优化的判例合集。基于规则效率视角，阐述了以下假说：普通法能够实现自我效率的提升；他提出，从内部视角看，普通法存在经济逻辑，可对体系内存在的错误法律规则进行自动清除，

---

① 齐树洁：《构建我国民事审前程序的思考》，载《厦门大学学报（哲学社会科学版）》2003 年第 1 期。

② 汤维建：《论构建我国民事诉讼中的自足性审前程序——审前程序和庭审程序并立的改革观》，载《政法论坛》2004 年第 22 卷第 4 期。

③ Tullock Gordon. Two Kinds of Legal Efficiency [J]. *Hofstra Law Review*, 1980b: 8. 转引自薛兆丰：《普通法与成文法的效率分析》，载《北京大学学报》（哲学社会科学版）2010 年第 3 期。

由此使得普通法不断向完美法律体系发展。

由薛兆丰（2010）的研究能够看出，科斯率先确立了规则效率标准。在《社会成本问题》（1960）中，科斯提出：在交易成本为零的情形下，市场效率与产权的初始界定不存在关联，那么必然能够实现最优资源配置。科斯经研究分析得出：如果具有正值的交易成本，那么法律制度就会具有更为显著的重要影响。此后，在《产权理论探讨》（1967）中，德姆塞茨（Demsetz）提到，受经济需求变动的影响，法律的构造也会发生变动①。在《财产规则、责任规则和不可让渡性》（1972）中，卡拉布雷西（Calabresi）等对不同的责任、财产规则与交易成本不为零情形下的产权界定对经济效率的影响进行了分析②。

鲁宾（Rubin，1977）等以市场机制看待普通法，认为与市场机制相类似，普通法也具有内在作用机制——"筛选诉讼"的机制。③ 在普通法中，因筛选诉讼机制的影响，非效率规则要受到比效率规则更多的诉讼挑战，也就是法院可能需接受更多与非效率法律相关案件的提请，而与效率法律规则相关的案件不存在此类情况。所以，哪怕在非效率法律规则与效率法律规则方面法官不保持中立，也会因当事人向法院提交更多与非效率法律规则相关的案件，经法院进行反复检验，而使得非效率法律规则被修正。所以，对普通法而言，案件筛选发挥着过滤器的作用，放行效率法律规则，重复性地检验非效率法律规则，直至修正为效率法律规则。基于对当事人诉讼策略的分析，他们认为当事人更

---

① Demsetz Harold. Toward a Theory of Property Rights [J]. *The American Economic Review*, 57（2，Papers and Proceedings of the Seventy-ninth Annual Meeting of the American Economic Association），1967：347 – 359.

② Calabresi Guido and Melamed A. Douglas. Property Rules, Liability Rules, and Inalienability: One View of the Cathedral [J]. *Harvard Law Review*, 1972, 85（6）：1089 – 1128.

③ Rubin P. H. Why is the Common Law Efficient? [J]. *Journal of Legal Studies*, 1977（6）：51 – 63.

多是向审判阶段推进非效率法律规则，而不是和解，以此使得法官能够对非效率法律规则进行更全面检验。普利斯特（Priest，1977）提到，"相比效率规则，非效率规则会使得当事人面临更大成本压力。所以，在不变动其他条件的情形下，相比以效率法律规则为对象的诉讼，以非效率法律规则为对象的诉讼更多"①。过程恰好是对科斯定理本质的反映，就是"各资源利用主体，以普通法具有的法律体系为工具，围绕产权展开争夺，以实现资源利用的最大化"。②

库特等（Cooter et al.，2003）认为，与正确的权利配置相比较，错误的权利配置会导致诉讼有更多的投入。具体反映为以下两方面：其一，会以更高频率向法院提起对错误配置进行变更的诉讼请求；其二，在诉讼中，为获取胜诉结果，需投入更多的资源③。增加诉讼投入不仅对提升诉讼质量具有积极效果，也会对法官产生更大程度的影响，因而具有更高的胜诉概率。而得出的最终结果是：推翻错误法律规则，或是对错误规则进行修正，使其成为有效法律规则。

然而，在效力方面，与市场具有的"看不见的手"机制相比较，普通法具有的诉讼筛选机制效力更低，原因是以非效率法律规则为对象进行的诉讼存在"正外部性"特性，诉讼收益难以由发起诉讼的当事人实现全部内化，所以也就出现以非效率规则为对象的诉讼缺乏足够激励的情况④。波斯纳（1998）也认为，之所以改进普通法效率的情况不会发生，可能有以下两种相

---

① Priest G. L. The common law process and the selection of efficient rules [J]. *Journal of Legal Studies*，1977：65 – 82.

② 转引自 – Miceli. *The Economic Approach to Law* [M]. Stanford，California：Stanford University Press，2004：269.

③ Cooter Ulen. *Law and Economics* [M].4th Ed，2003，New York：Pearson Education，Inc.，Publishing，2003：438.

④ Cooter Ulen. *Law and Economics* [M].4th Ed，2003，Pearson Education，Inc.，Publishing，2003：438 – 439.

反的原因：其一，若是与非效率法律规则相关的成本是分散的，那么可能成本承担者不具有提起诉讼的足够激励，原因是诉讼成本可能比获取的收益更高；反之，若是成本承担者能够对于效率法律规则相关的成本进行合理组织或是其是集中的，那么就存在集中成本金额对效率法律规则进行推翻的可能性。以上两点可能会使得非效率法律规则被诉讼的概率有不同程度的降低。其二，在审判中，如果法官以遵循先例原则作为重要因素，那么以非效率法律规则为对象进行的诉讼可能导致改变非效率法律规则有更大难度①。

　　总之，国外学者认为普通法的非效率规则有更大被诉讼并被修正的可能性，由此导致普通法长期以效率状态存在，而此是诉讼效率的关键。此外，之所以会提起诉讼，学者也认识到是考量自身成本收益而作出的选择，而不是为改进普通法的效率。所以，诉讼效率的实现，根本是当事人自身的收益与成本，也是解释经济学理性人假设的有效答案。因此，围绕诉讼效率开展研究的前提是探究诉讼成本。

---

　　① Posner. *Economic Analysis of Law* ［M］. 5th Ed, New York：Aspen Law & Business，1998：614.

第二章

民事司法成本控制的理论框架

在经济学中，成本概念的重要性几乎等同于法理学中公平与公正的重要性。成本是最常见的日常生活用语之一，在现代市场经济环境下，存在于任一角落。如斯蒂格勒所言"在经济学领域，不管是哪个关键概念，均难以找寻出精准、全面的定义"[①]，譬如效益、效率、成本等。在经济学高速发展的背景下，效率与成本已然是经济学家对经济活动社会效果进行评估的关键工具。但是，在对成本的定义进行查找时，能够看出无法利用简短文字进行精准、全面的描述。

成本是指为某一特定目的而消耗或废弃的资源。其有以下多重含义：第一，成本是构成商品价值的关键部分，是以货币形式对生产要素在商品生产过程中所出现耗费的反映。第二，成本具有补偿性质，是销售收入应补偿的价值。第三，实质上成本是价值牺牲之一，为实现一定目的而以资源为对象的价值牺牲。从广义层面看，成本是为实现目的而对另一目的具有的经济价值予以

---

① 汪丁丁：《经济学思想史讲义》，上海人民出版社 2008 年版，第 294 页。

放弃，是商业决策中使用的机会成本，与此类同。

　　和成本相对的，当然是"效益"这个概念。1776 年，亚当·斯密在他的经济学巨著《国富论》中指出，人的本性是对自身个人利益具有最大化追求，也就是"经济人"。如此，不仅使得在经济思想史上斯密具有的重要地位得到确立，也为"理性选择理论"（对经济学具有重要影响的理论，尤其是法经济学）打下了坚实基础。斯密有以下话语："人获取的生活所需的饮料与食物，不是酿酒师、屠夫或者是厨师的恩惠，而是他们为获取自身利益作出的选择。"① 人们在行为选择方面，适用的标准是实现自身利益的最大化，不管是消费者还是制造商均如此。

　　基于"经济人"假设，斯密主张推行经济自由主义，认为政府不需要施加干预，而是由具有"无形作用"的市场竞争进行资源的配置，这种情况下经济会保持高效。19 世纪末，随着新古典经济学派的兴起，资源配置成为经济学研究的焦点，并逐步取代了政治经济学，此后，经济学常用词汇"效率"实质是"资源配置的效率"——也就是在资源稀缺情形下，对有限资源进行合理配置，以使得此项资源的效用能够在个人手中得到最大化释放。

　　个体利益最大化仅能够实现个人"产出"（目的）与"投入"（行为）的最大化，然而并不意味着能够最大化实现社会利益。为使得社会资源配置的最优化，必须基于各主体最大化获取利益的前提进行一般均衡。如果以实现最大化效用作为目的的消费者与以实现最大化利润为目的的生产者之间的独立决策活动实现市场的全部出清、进入均衡状态，那么就实现了一般均衡。为对市场进入可对最大化要求予以满足的均衡状态与否进行评价。20 世纪初，基于一般均衡分析，帕累托率先提出效率的概念：在具有既定经济资源的情形下，如果进行一种商品生产更多必然

---

　　①　亚当·斯密：《国富论》，郭大力，王亚南译，商务印书馆 1972 年版，第 121 页。

使得另一种商品生产减少，或是一个人福利的增加必然需使得另一人的福利减少，此种状态就是"帕累托最优"。实质上，帕累托效率是对一种最优效率状态的描述。帕累托效率降低假设有以下必要前提：是完全竞争的市场，市场上的任意主体均是价格的接受者，不存在交易成本，信息分布对等，能够充分获取信息，并能够自由决策。但是，在实际生活中，交易成本是不可能为零的，且从改革层面看，帕累托的改进是在不损害他人福利的前提下，改善一些人的福利。然而，以上内容是大部分改革方式无法实现的。因此，帕累托效率标准仅是理论层面存在的理想构想。

针对帕累托效率的不足，卡尔多提出，如果经济的某种标红使得受害者能够获取比受损者面临的损失更高的收益时，则此种变化是有效率的。此后，其希克斯也阐述了相类似的观点，也就是如果受经济变化影响的利益受损者无法使得得利者对此种变化持反对态度，则反映出社会福利的改进。以上两位学者提出的效率标准被称作卡尔多希克斯效率，含义是：哪怕改进或改善使得部分人的福利受损，然而仅需要确保改进与改善的好处对于全社会来讲大于由此造成的损害，那么从社会层面看，改进提高了社会的福利水平，所以是能够接受的。从理论层面分析，因改进而面临利益受损的部分人能够获取改进收益，然而对该效率标准而言，补偿并不是必须具备的条件，仅需要存在补偿的可能性即可，并不需要现实存在[1]。

由以上内容能够看出，在经济学中，效率的根本含义是资源配置的效率，也就是一种能够最大程度利用社会整体资源的均衡状态，而不是生产效率。从静态层面看，效率是一种能够以最优方式实现社会资源配置的一般均衡状态；从动态层面看，效率是受经济变化影响而使得具有更优越的社会福利。自 20 世纪 60 年代起，受新经济学派发展的推动，加之经济学广泛延伸至社会各

---

[1] 魏建、周林彬：《法经济学》，中国人民大学出版社 2008 年版，第 37 页。

领域的影响，效率具有更为广泛的内涵。

18 世纪，在《国富论》中，斯密率先对法学领域问题进行效率分析。由经济视角，斯密对限嗣继承法、学徒法、谷物法、长男继承法等对经济自由产生阻碍影响的法律法规进行了分析，并以欧洲地区近代司法体系为对象进行经济学分析，进而提出，欧洲近代司法判决体系是一种实现最大化利润的行为。如此，不仅是以效率的价值标准对法律制度进行评价与检验的先河，也为法律经济学的诞生打下了有力基础。

在《社会成本问题》（1960）中，科斯以进行新概念"交易成本"引入的方式，实现了对资源配置效率与法律制度的结合，也为建立并推动法经济学发展提供了有力支撑。科斯开展的研究分析以效率分析方法对法律进行探究的展示，基于理性选择开展成本效益分析，其强调需要以实证方式对法律制度展开分析，而不是由概念层面进行抽象推演。由此，使得在经济学领域，交易成本分析成为基础方法之一。但是，法律效率分析之所以能够广泛应用，波斯纳发挥着更为重要的作用。

1973 年，波斯纳编著的法经济学经典对"经济学帝国主义"具有的现代含义进行了全面、深入的展示："不管是在哪个法律领域，运用某些价格理论具有的基本原理能够对其内在的经济结果进行分析并展示出来。"① 在该著作中，波斯纳以微观经济学分析方法（譬如成本—收益分析等）作为工具对各法律领域的法律效率进行了全面分析，并以法律效率分析为对象建立了具体范式。② 波斯纳认为，从本质层面看，不管是法律程序，或者是法律规范与法律体系，均强调推动实现经济效益的最大化。③ 基于波斯纳的观点，推动资源配置实现最优化是法律制度设计的核

---

① Richard A. Epstein, law and Economics: Its Glorious Past and Cloudy Future [J]. *University of Chicago Law Review*, 1997, 64 (4): 1167–1174.

②③ ［美］理查德·波斯纳：《法律的经济分析》，蒋兆康译，中国大百科出版社 1997 年版，第 31 页。

心，在法律运行方面也需要满足效率标准的要求。

从效率的判断标准看，不管是卡尔多希克斯效率或者是帕累托效率，均是对能否实现均衡与最大化进行判断的标准，也是对制度具有合理性与否、改革是否有效进行判断的标准。然而，在对法律制度的效率进行判断时，卡尔多希克斯效率标准具有更高的应用频率。因为大部分法律均是取舍、权衡各不同主体的利益，虽然能够有效保护部分利益，但相应会影响其他主体的利益。波斯纳认为，"如果经济学界学者对污染控制、自由贸易、世界状况或是竞争的效率进行分析与研究时，绝大部分是对卡尔多希克斯效率的讨论，而不是帕累托优势"。①

法律体系下辖的法律部门众多，部门不同相应也有不同的调整范围，由此使得在实现与追求方面出现差异化的具体目标。在社会资源分配方面，财产法是有效手段之一，其诉求是向效率值最高的利用者分配资产的产权，由此使得产权相对应财产的价值能够最大化释放，进而实现社会福利水平的提升；合同法的诉求是实现交易成本的减少，以使得财产能够更多向最优利用者流转；侵权法的诉求是以震慑侵权责任的方式使得社会能够对损害行为进行最大程度的预防。

总体上，法经济学分析提及的效率涵盖众多内容，不仅有自身运行方面司法、立法与执法活动的效率，也有在社会与市场经济资源配置方面法律规则的效率。在法经济学领域，对司法成本进行的各类分析，实质上均是基于经济学理性选择理论进行的，围绕个人视角进行探讨，以成本—收益分析对在最大程度保障个人利益的条件下法律制度应怎样实现社会、法律资源配置的最优均衡状态进行研究。

---

① ［美］理查德·波斯纳：《法律的经济分析》，蒋兆康译，中国大百科出版社1997年版，第31页。

第二节　民事司法成本控制的评价标准

在众多价值形态中，效率与正义始终是司法系统设计与运行的核心价值目标。表面看来，这两大价值观似乎很容易区分且差距巨大：司法效率是对司法活动中人追求利益的反映；司法公平则是对司法活动中人追求合法性的反映。然而，学者意图在现实生活中以司法制度实现对两者的统一，由此反映出两者之间具有内在统一性。从某种层面看，司法效率是司法公正需要实现的，法谚有云："迟来的正义非正义"，社会纠纷的发生不仅意味着社会秩序、权利受到破坏或是侵犯，也意味着难以实现社会公正。因此，必须以高效、公正的态度处置并解决发生的社会纠纷，这样才能够迅速实现社会公正。不仅如此，两者的内在一致性也存在其他含义。在市场经济下，尽可能实现资源耗费的减少并尽可能获取更多的收益已然是主流价值取向，因此，在社会正义中，最大化释放出有限司法资源具有的效用具有无可取代的地位。

司法活动的基本价值目标是追求司法效率，但是，社会正义原则是对司法活动的更高指导。波斯纳之所以甚至以同义词看待正义与效率，主张效率是正义的第二层含义，也是基于以上考量。由此可见，司法公正与司法效率相互间具有积极影响，是相辅相成的，实现对两大价值目标（效率、公正）的兼顾，是构建司法制度需满足的，且实现两者的平衡。

但是，不管推行哪种司法制度，无论社会经济如何发达，司法资源有限的状况不会改变，无限扩张是不存在的，而且两者具有的统一性并不能够否定两者存在的区别。司法公正以获取合法、真实的诉讼结果作为目标，如此使得需以找寻客观事实作为架构司法制度的核心，并基于对事实真相的揭示，以法律原则作为遵循，对法律进行合法适用，由此使得纠纷得以公正解决。但是，在探索正义方面，人类是无止境的。哪怕以诉讼方式实现的正义仅在历史层面具有价值。同时，找寻真实实质是对事物进行重新认识的过程。从哲学视角看，人类的认识进程是持续、不间断的，且不存在终点。所以，本质上追求司法公正是持续发展的过程。正是基于以上意义，司法效率与司法公正之间显现出不同：司法公正以完美、公正作为最终诉求，而以上追求的实现必须以精神、时间成本作为支撑；司法效率要求在时间最短的情况下，完成诉讼活动的全部内容，并作出具有权威性的判决，以使得法律秩序能够在最短时间内恢复。所以，司法资源的投入具有极大的必要性，然而价值层面会产生负面评价：在解决纠纷方面，投入的司法资源更少，那么就会产生更高的价值。从而能够显著看出，在价值取向方面，司法效率与司法公正是相对立的。由学界视角看，应以实现公正作为最终目标；从现代市场经济层面看，追求效率具有更高优先级。所以，不管是确立司法制度，或者是构建司法体系，平衡效率与公正的关系均是必要的，以尽可能高的效率来实现社会能够认可的公正。

一、民事司法成本控制与正义实现

如前文所述，在经济学中，成本概念的重要性几乎等同于法理学中公平与公正的重要性。但成本与公平和正义之间还是存在着不小的区别。公平和正义，是一种相对抽象的概念，其内涵通常存在于人们的观念上，不同的人赋予和充填不同的内涵，属于规范式的价值；比较而言，成本则是一个非常具体的概念，体现在人们大大小小、形形色色的行为当中。若能降低成本，则可以把节约的资源和财力物力以及时间精力放在其他的用途上。由此看来，其是与自然法则相符的，人类为实现自身的生存与繁衍，必然会利用各种方式节约资源，进而实现成本的降低。

　　和成本相对的，在经济学中当然是"效益"这个概念。虽然成本与效益相对应，事实上，成本的概念是比较明确的，但是效益的概念往往比较模糊。譬如，要求全民具备外语能力，成本比较容易估量，效益却比较含混。因此，成本的概念比较清晰，在思考上也容易有着力点。在这一章里，笔者尝试以"成本"概念为核心，解释法学里的诸多问题。这么做有两个目的：一是以简驭繁，以成本低的方式思考问题；另外一个目的，是一以贯之，由经济学的分析性概念，阐释法学不同领域的问题。

　　波斯纳大法官曾经说过："追求公平正义不能忽视代价。"[1]他的名言巧妙地沟通了经济分析和法学问题；而这座沟通的桥梁，就是由成本这个概念来支撑。有个著名的案例"帕拉丁诉简"[2]，1640 年左右，帕拉丁把一块农地租给简；合同里规定，地租每年分四期支付，均以各季度节庆为准。合同生效后不久，德国鲁珀特王子率军入侵英国。简所租的农地，先是成为两军交战的战场，然后变成获胜的鲁珀特王子的军营驻扎地。战争持续了好几年，简完全无法耕种土地，谋生也束手无策，因此，他拒绝缴纳地租给帕拉丁，因而帕拉丁诉之于法，史称"帕拉丁诉简"。

　　英皇法庭经过慎重审判，作出判决，承租人简必须缴纳地租给原告，帕拉丁胜诉，判决理由主要有以下两点：第一，即使是战乱使简无从耕种并获得收益；但是，合同里只注明了简租地要付租金，但并没有列举除外事项或者因不可抗力无法耕种可以免租的条款。因此，契约里没有载明的权益，法律无从保障。第二，在签约时，地主并没有以胁迫或者威吓的方式，造成简不得不租。因此，地主在契约里的权益，应当受到保障。

　　从"正义"的角度来看，这个判决可能有相当的争议。既然承租人迫于情势，事实上无法耕种，而且责任不在他；因此，

---

[1]　熊秉元:《正义的成本》，东方出版社 2014 年版，第 62 页。
[2]　熊秉元:《正义的成本》，东方出版社 2014 年版，第 89～92 页。

强迫他依约缴租，并不合理。而且，承租人在经济上通常是弱势；济弱扶贫，比较合乎正义的理念。不过，由"效率"的角度来解读，这个判决隐含许多正面的意义。

首先，在这件官司里，承租人遭受意外损失；但是，在其他的事例里，承租人可能得到意外的利益（譬如，天候特佳、风调雨顺，有罕见的丰收；或者，英国其他地方干旱，市场缺粮，所以承租人大发利市）。可是，在这些情况下，承租人无须多缴租金。因此租约本身就含有不确定性、有某种程度的风险，值得由承租人一体承受、不分利害。如果承租人不愿意承担风险，可以在签约时载明；当然，让承租人担负的风险越小，表示出租人所要承担的风险越高，租金自然也会相对提高。租金的高低，本身就和风险分摊有关。

其次，契约如同买卖，双方互蒙其利。契约一旦履行，双方都可以在契约完成的基础上，进行下一波的经济活动，创造出更多的资源和财富。在这件官司里，如果可以不付租金，那么受到损失的不只是承租人（无法耕种收益）；地主本身毫无过失，却也受到拖累。相反，如果承租人要付租金，至少地主从契约中得到利益，可以进行下一波的生产性活动。因此，与其两者皆输，不如一输一赢，也就是少输多赢。

最后，很重要的一点，是司法成本的问题。如果承租人简胜诉，以后他和其他承租人在签约时，不会多小心、预以为计。而且，如果这个理由成立，其他各式各样的理由也会纷沓而至；当法庭面对形形色色不履约的理由，要如何判断哪些合理，哪些不合理？不论合理与否，显然都要耗费可贵的司法资源。可是如果判决承租人简败诉，他和其他的承租人，以后会仔细琢磨契约里的各种条款；对于未来的签约双方，将产生积极正面的宣示效果。而且，这么一来，未来的纠纷和官司会因而减少；法官也无须为各种各样千奇百怪的抗辩理由费神。

因此，就这件官司本身而言，判决承租人简要付地租，可能令人觉得不近情理，也就是违反一般人直觉上的正义理念。但是，一旦把时间拉长，考虑社会长远的利益，那么实质正义和程序正义上都有不同的含义。而且，往前看、重复博弈、长远利益的概念，显然都掺有"效率"的成分，而不只是单纯的正义而已①。

总而言之，在传统社会里，随着经济活动逐渐频繁，"正义"的内涵里，已经自然而然地渗入了"成本"和"效率"的成分。

二、民事司法成本控制与司法效率

伴随时代的发展，学界对于司法理论的研究不断深入，在实践领域我国的司法改革也在不断深入，司法制度和司法理论随着社会的发展与时俱进，由此也使得司法效率具有向前发展、更为丰富的价值内涵。部分学者认为，效率在广义层面是行为效果与时间存在的关联。司法效率是司法主体在开展司法活动的过程中具有的行为有效性与速度。但是，对司法效率进行探讨与分析时，在获取预期成果方面司法活动表现出的速度是一个重要的关注点，故而才有"迟来的正义非正义"之语，但他们不能局限在此范围进行探讨，而是需要分别由产出与投入方面对司法活动进行分析，以此实现司法效率与效益及成本的关联。所以，为能够区分司法效率与经济学方面的效率，部分学者认为应以司法效益代替司法效率，因为司法效益包含着成本与收益比较的含义在内。但是，也有其他学者提出，在传递的追求目标与内涵方面，"效率"与"效益"两者之间基本相似，因此对二者的严格区分往往会在表达上偏向于某一方面而造成概念的表述不清②。实际

---

① 熊秉元：《正义的成本》，东方出版社 2014 年版，第 93 页。
② 赵祥麟、张庆宇：《论我国司法鉴定制度的构建》，载《法制与社会》2011 年第 12 期。

上，不管司法实务界和理论界用什么样的概念来表达司法效率，对它的研究都已大大超出经济学中效率的范畴。现代经济学理论的发展，使得能够利用更多经济学手段对我国司法效率展开探讨，而经济分析法学派的诞生，则是开辟出以经济学方法与理论对司法问题进行探究的新路径。所以，基于司法效率的概念，笔者进行的探究不仅涵盖经济学领域使用频率较高的时效，也包括成本效率、资源利用效率等。

司法的资源效率是司法效率具有的关键价值内涵之一。社会资源总归是有限的，而人类的需求则是无限的，如何有效利用有效的资源，将其发挥出最大的效益，是现代经济学研究的核心问题，现代经济学的发展也是基于资源稀缺这一基本假设。如前文所述，司法效率是司法主体对于效益最大化的追求，司法活动必然要投入大量的司法资源，这种为了维持司法运行的资源投入即司法成本，包含国家投入和个人投入，国家投入大致有三部分：第一部分，保障司法机关系统正常运行的必需投入。第二部分，高水平、高素质司法人员队伍的教育与培训所需投入的巨量资金。如果投入不能够满足需求，那么就难以构建高素质的司法官队伍，在引进社会人才方面也缺乏吸引力。第三部分，经费与装备方面的必要成本。法律的适用，实质是处理案件，而处理案件的前提是具有物质保障，此类物质保障有两部分：经费、装备。缺乏必要的经费与装备保障，那么办案就是空谈。

而公民为获得司法制度的救济也需要投入一定成本，包括经济成本和时间精力成本。显然，不管是个人投入的时间与经济成本，或者是国家投入的司法资源，两者都是以获取司法收益为目的：司法当事人的经济和时间精力投入，其主要目的就是为了确保自身权益得以维护，并对因受不法侵害影响导致自身权利受损而产生的精神层面与经济层面的损失予以挽回。而国家投入司法成本目的在于维持社会基本运行，保障法律秩序不受破坏，当然，在司法活动中，不管是个人，还是国家，都是期望以最少的资源投入，并力争获得更大的收益，实现效益最大化，这样的司法活动才更具效率和正义性。

第三节 民事司法成本控制的主要影响因素

一、民事诉讼主体的行为

"徒法不能以自行"，不管是哪种法律制度，都必须要依靠人来实施，也均会受人影响。作为以诉讼主体为对象制定的约束规则，民事诉讼制度也会受诉讼主体的反向作用。在具体运转方面，诉讼程序与诉讼主体之间存在直接推动关系。所以，民事诉讼效率对诉讼主体利益的体现是必然的，且民事司法成本受诉讼主体行为的作用也具有必然性。

民事诉讼的关系结构可表示为"等腰三角形"。居中的是法院，负责裁决当事人之间发生的纠纷，并与双方当事人之间保持"距离"的一致；作为相对立的、存在民事权益冲突的双方，当事人之间保持平等对抗；此外，也涵盖有其他诉讼参与人，譬如鉴定人、证人等。在民事诉讼中，当事人与法院的最基本构成要素，缺一不可，是组成三角形的三个顶点，具有关键性作用。

（一）当事人及其诉讼代理人

当事人对诉讼进程具有决定性影响，是启动民事诉讼程序的人。提交有关证据与否？和解或拒绝和解？上诉与否？以上均取决于当事人。由理性人角度分析，诉讼与否，以及采取的各类诉讼策略，均是当事人为实现最大化利益而作出的考量。当事人不仅需对自身行动收益进行权衡，也会对需由自身承担的成本进行充分考量。在成本投入的决策方面，通常受相关程序规则与其他主体采取的策略的影响。

第一，对方当事人会对当事人决策施加作用。在诉讼过程中，当事人采取何种策略，以及作出诉讼与否的决策，均与对方当事人存在直接关联。实质上，诉讼就是双方发生的博弈行为。在现实生活中，当事人因受到信息不对称影响，导致其实现行为的最优均衡有较大难度，由此使得诉讼效率受限。第二，法院行为会对当事人决策施加作用。法院的原有判例会向当事人传递某种信号，使得当事人的预期出现变动，并基于此对决策作出改变。第三，法官行为会对当事人决策施加作用。当事人的行为与法官展现出的素质水平存在直接关联。法官是否会作出对某方当事人有力的判决？是否能够主持正义？依法官积累的声誉，当事人会作出判断，进而在策略方面作出具体选择。第四，诉讼代理人也会对当事人产生一定程度影响，特别是律师；而且在实行"律师强制代理制"的部分国家有更大影响。尽管我国不实行"律师强制代理制"①，然而律师起到的作用愈加突出。利用诉讼代理、法律咨询等方面，律师可提供当事人所需的法律服务。其一，对当事人预期的明确具有积极效果，能够使得诉讼更为减少，增加和解，实现和解额的提升；其二，为自身利益诉求，律师也可能利用自身影响促进和解或是推动诉讼。

此外，相关制度及程序规则也会对当事人的成本投入产生影响。譬如：如果有小额诉讼程序，那么纠纷仅涉及较小标的额的当事人可耗费较少成本解决纠纷。

（二）法院

法院具有广义与狭义，狭义层面的法院是行使审判权的合议或是独任庭；广义层面的法院有执行、审判等法院工作组织。尽

① 廖永安、刘方勇：《社会转型背景下人民陪审员制度改革路径探析》，载《中国法学》2012 年第 3 期。

管民事诉讼程序进程的推进取决于当事人，但是诉讼全过程由法院控制。原因是在实践中，如果当事人难以实现利益诉求的统一，进入诉讼环节，那么就需要由具有裁判权的第三方作出判决，不然民事诉讼就会转变为当事人无休止的争论。从权利层面看，审判权能够对当事人具有的处分权进行限制。发起诉讼后，基于法律赋予的审判权，法院可对受理该案件与否作出决断，诉讼请求如果不满足起诉条件的，法院依法可不予受理或是驳回，案件如果不满足上述条件的，法院可予以驳回。受理案件后，何时、由何人审理，均取决于法院，当事人不具有话语权。实质上，法院行使的是诉讼指挥权。对于法院具有的此类指挥权，从经济学层面看，实质是配置司法资源的权利。但是，作为组织或是机关，法院也具有利益诉求，所以同样可能存在委托代理关系方面的问题。因此，受现实制度的影响，法院行为通常也会与社会最优要求相偏离。

从审批层面看，法院实质是"生产性组织"，利用物力、人力的投入进行准确判决的生产。由此角度看，那么民事诉讼效率的提升较大程度取决于法院的"生产"效率。如果单位成本、时间投入下法院能够实现最准确判决的生产，那么在个案角度的民事诉讼效率就得以实现。如果能够对诉讼数量进行最优控制，那么也就必然能够实现社会最优的民事诉讼效率。但是，作为生产组织者，法院能否实现"生产"效率，其投入的人力具有关键性影响，也就是法官的行为。

（三）法官

作为诉讼进程的直接引导者及裁判的作出者，法官的行为不仅对当事人利益产生直接影响，也会影响到法院利益。法官的引导行为，能够直接作用至当事人的行为决策。譬如法院进行调解与否、调解采用怎样的方式均会影响到当事人。此外，法官是否存在偏颇、裁判公正与否均会对当事人产生影响。而法官的效用及自身素质是影响其行为的关键。优秀的法官可能对声誉有高度重视，能够全身投入工作，并为当事人提供积极引导，使得案件得到高效解决；专业素养不足的法官因是非分辨能力差，可能会对诉讼采取拖延的行为，乃至收受贿赂。法官的裁判不仅会影响本案当事人，且会对后续的潜在当事人及社会资源配置产生作用。裁判信息具有足够的准确度，可使得纠纷当事人的预期差异减少，进而使得诉讼概率降低。而基于交易成本利率，在具有现实交易成本的情况下，资源配置较大程度受法律的影响，而资源配置恰是由法官直接实施的。譬如：在相邻关系纠纷中，是对某一方行为作出禁止的裁判，或是以补偿的方式使得社会成本得以最小化？抑或在合同纠纷中，是作出继续履行合同的裁判，还是由当事人赔偿损失？以上均与法官行为存在直接关联。所以，个案的准确性与法官自身具备的素质及积累的经验有重要关联。

概括来讲，受当事人行为影响最为严重的是民事诉讼效率在实现过程中所追求的最优诉讼数量；受法院的管理行为影响最为严重的是诉讼成本的产出效率与投入；而受法官的裁判行为影响最为严重的是裁判的准确性。实现民事诉讼效率其实就是基于最优诉讼数量来促使最优产出效率得以实现，后续的探讨都是按照这种思路从诉讼主体切入来开展的。

二、民事诉讼程序的设计

民事诉讼程序可防止实体法中的部分无谓争议的出现，是通过最低成本获取判决结果的一种工具。诉讼活动必须基于一定的诉讼制度依法进行，所以，诉讼程序会直接影响诉讼效率。从某种意义上讲，民事诉讼制度最为关键的就是民事诉讼程序，国内目前的民事诉讼程序主要划分为非讼程序与争讼程序两种，其中争讼程序覆盖了一审的简易程序与普通程序、再审程序以及二审的上诉程序；不同争讼程序均具有质证、举证与辩论等具体程序。从法律意义方面讲，诉讼程序对法官、当事人、法院与其他参与诉讼的主体的行为具有一定的规范作用。就经济学视角而言，设置不同的诉讼程序其实反映的是社会投入的诉讼成本在不同当事人相互间、不同案件相互间以及不同法院、法官和当事人相互间所进行的一种不同配置，最优民事诉讼效率的实现必然要求实现诉讼成本的最优配置，换言之，成本应当由最有助于提升裁判准确性的主体承担。以审前程序为例，其作用表现为选出与社会最优条件相符的案件并展开诉讼，而其他案件则尽可能促成和解，以减少其他案件对社会诉讼成本的浪费；简易程序专门负责处理标的额较小、案情不复杂、事实明朗的案件；普通程序则主要处理案情复杂的重大案件。另外，关于证据的有关规则，比如举证责任、法庭调查、证明标准、证据交换等也会影响诉讼成本。尤其是分配举证责任时，如果做到了科学合理，既可以降低其中一方当事人的诉讼成本（包括时间与金钱成本），又可以促使占据信息优势的一方积极提交证据，这对于整个诉讼成本的减少与最优准确性的实现都是具有一定作用的。

若设计的诉讼程序无法对诉讼成本进行最优配置，则必将影响到诉讼效率。如果诉讼主体要在程式化规则上花费大量金钱与时间成本，也必将严重影响诉讼效率。所以，有学者曾指出，世上本无拖沓案件，唯有受低效率的案件管理与诉讼程序影响而拖延的案件。相反，若是案情复杂的重人案件的处理程序不够严谨，那么裁判的准确性也将无法保证。设计程序可实现优化配置诉讼成本以及降低社会总成本等目的。

三、诉讼模式与司法政策

司法理念与政策以及民事诉讼模式均会影响到法官与当事人在诉讼当中的作用及地位。民事诉讼模式的不同决定了上述两者诉讼地位的不同，原因在于民事诉讼模式对法院、法官与当事人的收益与成本、对诉讼权利的分配都有直接影响。另外，司法理念与政策的不同也会对法院、当事人与法官的诉讼投入产生不同的影响，譬如，基于司法克制主义之下的法官与法院其地位是完全消极与被动的，当事人控制着整个诉讼活动，法官只得被动地选择适用法律来解决纠纷；而基于司法能动主义之下的法官与法院的地位却是较为积极的，为明确适用法律、掌握事实，法官有可能会运用诉讼指挥权对民事诉讼进行指导，同时有可能会通过新规则的建立来提高社会经济效率。另外，诉讼主体的成本投入动机也会直接受法官与法院诉讼地位的影响。司法政策与诉讼模式通常是相辅相成的。司法克制对应的通常是当事人主义，而能动司法对应的却是职权主义。

关于民事诉讼模式常见的有职权主义模式与当事人主义模式①两种。两者的区别主要表现为：前者的事实真相由法官查明，后者的事实真相由当事人查明。如果是当事人主义模式的引导之下，那么整个民事诉讼涉及的证据提交、取证调查与技术性的程序的主导方全部为当事人。这时对抗制的庭审模式与其相呼应，也就是整个庭审过程中法官保持着中立消极态度，由当事人进行辩论与质证，能否获得胜诉全由当事人提交证据所具有的证明力决定。就权利视角而言，这种当事人主义有助于当事人主动性的调动，也是尊重当事人的一种表现，对个体权利的实现和保护都是具有积极影响的。但因为当事人其诉求都是有利于自身的，这便导致部分当事人滥用权力，要求法官保持绝对的中立与消极态度，从而影响到整个诉讼效率。譬如，不少当事人为缓交所欠货款，故意拖延诉讼与举证时间，最后导致诉讼合法的被有意拖延。

如果是在职权主义模式的引导之下，那么整个民事诉讼涉及

---

① 应星：《作为特殊行政救济的信访救济》，载《法学研究》2004 年第 3 期。

的上述问题主导方全部为法院。诉讼当事人地位不够显著，容易被忽略，诉讼权利也容易被剥夺与限制。这时当事人参与诉讼的热情不高，对诉讼结果的影响也较弱，最终的诉讼结果取决于法院所掌握的事实情况。就权利视角而言，该模式下会大幅扩张审判权，而缩减当事人的处分权。有可能导致当事人利益无法最大化，从而导致无法呈现出最优的社会诉讼状态。职权主义在取证成本的降低方面虽有一定作用，但法院的审判成本也会因此而加大。

国内之前的民事诉讼模型沿袭的是苏联的诉讼由裁判人员推进与掌控的模式，当事人属于诉讼客体，是职权主义诉讼模式的典型代表。该模式对缠诉与滥诉等现象的形成与发展具有有效防范作用，但无疑是不利于保障当事人权利的。历经 30 年的推进，国内民事司法改革在民事诉讼模式方面开始从超职权主义模式向混合主义模式转变。目前诉讼模式中以当事人为主要力量，法官的职权被逐步弱化。所以，迫切需要对当事人与法官及法院的关系、当事人的诉讼行为策略进行探讨与分析。不同的司法政策会对法官与法院的诉讼定位造成不同的影响，同时也会影响到诉讼的成本投入。一般情况下，司法政策如果是积极的，那么对法官与法院所要求的投入也会更多；相反，司法政策如果是消极的，那么对法官与法院的要求会稍少，而对当事人的投入却要求更多。我国目前阐述的"能动主义"的司法政策，要求的是法官与法院以积极的投入来解决纠纷甚至干预其发生。相比之下，"克制主义"的司法政策要求的是法官在纠纷解决过程中保持一种消极、中立的态度。两者的本质差异使得当事人与法官也出现了不同定位，而这种不同定位将影响到其行为策略的选择，进而影响到民事诉讼效率的提升。

概况而言，不管是诉讼模式、诉讼程序，还是司法政策以及其他制度安排，均是通过诉讼主体（包括法院、当事人与法官等）的行为来影响民事诉讼效率的，所设计的具体程序是司法理念、诉讼模式、政策等对民事诉讼效率所追求的目标的一种直接体现。若要实现最优民事诉讼效率，首先要对诉讼主体在目前政策与制度影响下所制定的诉讼投入策略进行深入分析；其次，健全相关程序和制度，使诉讼主体实现最优的民事诉讼投入。

第三章

国家层面的民事司法成本控制

第一节　法院与民事司法成本控制

一、小额诉讼程序的完善

所谓小额诉讼程序是由法院的小额法庭或专门的小额法院受理的诉讼标的额在一定数额以内（一般比较小）的简易程序。判断案件适用小额诉讼程序与否的根本标准是案件标的额。英美法系国家设立小额诉讼程序比较早，在这些国家的法院，对适用小额诉讼程序的案例的具体判定标准通常是根据普通人的工资收入进行确定的。原因在于标的额较小的案件主要出现在普通人身上，且和他们的日常生活息息相关。而我国的小额诉讼程序也以英美法系国家的这种做法为参照，将普通人的收入作为判定是否适用小额诉讼程序的主要标准。但鉴于我国地域辽阔、各地经济具有较大悬殊、居民收入差距较大的特殊国情，很难将小额诉讼案件的上限用统一数额表示。针对这种情况可以作出如下规定：将所在地的普通职工半年的工资收入作为上限，由省级人民法院确定具体数额。而那些与小额诉讼程序标准不符的案件，则可以普通程序或普通简易程序进行审理。这样既是对我国各地不同收入情况进行考量的一种表现，又能统一小额诉讼程序的适用标准，还与我国人均收入水平相符。小额诉讼程序和普通简易程序虽然同样是简易程序，但小额诉讼程序面对的案件复杂度与争议的标的额都更小，而且该程序与简易程序的要求也存在较大差异，所以，在设计简易程序时要重点注意下述几方面：

（1）以表格形式编写法律文书。为促进诉讼效率的提升，可以用表格形式来编写答辩书、起诉书、判决书与通知书，并由当事人或法院根据相关要求进行填写，使诉讼时间得以减少。

（2）遵循本人诉讼的原则①。因为无须根据普通程序的相关诉讼规定严格进行小额诉讼，所以当事人更容易理解这种诉讼程序，可亲自向法院提起诉讼。这有效地降低了诉讼成本。

（3）无须严格遵循证据规则。小额诉讼程序因为标的额不高，无须我们过多地对诉讼收益与投入进行考虑。若是为了解情况而进行过多投入，则有悖小额诉讼程序的设置初衷。所以，可作出如下规定：若是当事人为了解情况所进行的投入远超出其诉讼要求时，法官有权终止调查案件。无须严格按照普通程序相关规定，可规定通过方便当事人的方式对证人进行询问②。

（4）灵活化开庭时间。前文已讲述小额诉讼程序涉及的案件和普通人的生活息息相关，为了给普通大众的诉讼提供方便，不少国家在开庭时间上都保持一定的灵活性。比如，将开庭时间延长、在社区设立法庭、夜间开庭等。我国在设计小额诉讼程序时也可参照这种做法③。

（5）对诉讼标的额的追加与变更以及提起的反诉予以限制。

① 王红艳：《浅议我国小额诉讼程序之构建》，载《中南林业科技大学学报》2009年第2期。
② 许建苏：《小额诉讼程序的比较与构建》，载《河北法学》2004年第7期。
③ 尚淑敏：《构建中国式小额诉讼程序》，载《山东政法管理干部学院学报》（社会科学版）2009年第2期。

设计小额诉讼程序旨在提高案件审结效率。但诉讼标的额的追加与变更以及提起的反诉会对案件的解决效率造成影响。所以，有必要对诉讼过程中当事人所进行的诉讼标的额的追加、变更以及提起的反诉予以限制。小额诉讼程序通过简化的程序减短了诉讼周期，当事人亲自诉讼更有助于代理费用的节省，这些都将有力地促进诉讼成本的减少。所以，对于诉讼成本的控制来讲，小额诉讼制度的构建具有深远意义。

二、普通简易程序的优化

普通简易程序，即除小额诉讼程序外的简易程序，由其受审的案件大部分是诉讼标的额比普通程序诉讼案的标的额少，且争议较小的民事案件。该程序适用的案件受理标准与小额诉讼程序是一样的，都是以诉讼标的额为依据。鉴于国内目前人均收入水平不高，且不同地区的收入水平存在较大不同，所以，在确定与普通简易程序相适应的案件数量时，需要参照以下原则：首先，大幅扩展简易程序在立法中的适用范围；其次，对地方经济发展的不平衡性进行充分考量。按照国家统计局收集的相关数据（比如各省的人均收入水平、生产总值情况等），将我国细分为经济发达、中等发达与欠发达地区，然后借鉴其他国家的具体经验，制定出能够适用于我国各地区的普通简易程序受理标准。鉴于现行简易程序存在的各类问题，我们认为推进国内普通简易程序的优化，应注重下述方面：

（1）对简易程序的适用面进行适度的放宽。依照现行民事诉讼法的具体条文，简易程序以基层人民法院与其下属的派出法庭为主要审批机关，仅适用一审案件，案件类型则主要是案件争议不大、事实清晰、债权明确的简单民事案件，适用范围不大。但考虑到简易程序具有的实现诉讼效率提升，对诉讼成本进行控制、实现诉讼公正及保障当事人权益的诉求，有必要在适用范围上将其适当扩大，将部分二审程序也纳入其适用范畴。

（2）庭审程序的非严格化。对普通简易程序与普通程序进行对比能够看出，前者主要表现为程序的简易性。而普通程序中受审的案件属性在其中发挥着决定性作用。适用于普通简易程序的案件通常是不具较大争议、案情较为简单的案件。所以，可在普通简易程序中减去普通程序关于解决复杂案情而专门设置的程序性规定。

（3）充分发挥调解的效能。调解即以平等协商、互谅互让的方式解决当事人纠纷的方式。如果案件适用简易程序，且当事人有意愿通过调解方式处理纠纷，那么法院考虑到尊重当事人的诉讼权利、维护当事人权益与及时解决纠纷的目的，会以该方式来解决当事人纠纷。有需要时也可通过法院提议，获得当事人双方同意之后再进行调解。

（4）有机协调庭审规范化与程序简易化的关系。普通简易程序并非能够超出诉讼程序要求对案件进行审理，相反，该程序要依据诉讼程序的相关规定来确保案件能够获得及时审理。关于普通简易程序，法律层面需制定具体规定，但同时又得保证相应的灵活性，从而使普通简易程序兼具灵活性与可预测性。

（5）对诉讼标的额的变更、追加以及提起反诉予以限制。设计小额诉讼程序旨在提高案件审结效率。但诉讼标的额的追加与变更以及提起的反诉会对案件的解决效率造成影响。所以，有必要对诉讼过程中当事人所进行的诉讼标的额的追加、变更以及提起的反诉予以限制。小额诉讼程序通过简化的程序减短了诉讼周期，当事人亲自诉讼更是有助于代理费用的节省，这些都将有力地促进诉讼成本的减少。所以，对于诉讼成本的控制来讲，小额诉讼制度的构建意义重大。

（6）节省诉讼时间。当事人之所以选择普通简易程序旨在通过尽可能少的诉讼成本解决纠纷。所以，普通简易程序有必要制定系列有助于诉讼时间减少的措施，比如：通过电话告知被告庭审时间，以口头方式进行辩论或起诉等。除此之外，以格式化形式将诉讼文书（包括答辩书、起诉书、判决书与通知书等）提前准备好，为当事人与法院的填写提供方便，同时缩短诉讼时间。

三、特别程序的简化

简易程序不仅在普通程序内存在，也存在于特别程序中，譬如特别程序的督促程序。督促程序是法院依照债权人的给付金额或是有价证券申请，向债务人发出支付要求，如果债务人在法院公告期内未表明异议，那么依支付令强制执行。从另一视角看，其也可称作略式诉讼程序，原因是债务纠纷类案件是督促程序的主要适用对象，而债务纠纷是民事诉讼之一，因而督促程序其实也是诉讼程序的一种。但其前提是双方当事人有债务关系存在，并且债务人未如期偿还债务，这就将案件的实体审理过程予以简化，所以该程序与普通的诉讼程序又有所不同。在及时解决无争议的案件、降低当事人间的对抗性与减少诉讼成本等方面督促程序发挥着巨大作用。但就现况而言，督促程序也有许多有待完善的地方，比如，地域管辖对其适用造成了一定限制，适用的案件不多，债务人所提出的关于支付令的异议随意性较大，在受理费用的规定方面存在一定不合理性，没有制定明确规定该如何处理异议。所以，可根据上述方面对督促程序进行优化，比如，合理调整其受理费用，针对异议的处理制定明确规定，弱化其适用的地域管辖等。

四、慎用发回重审制度

发回重审该制度是国内民事诉讼程序中二审的一种裁判方式，作为上级法院对下级法院审判监督的一种重要方式，起着有效纠正错误审判、维护当事人合法权益的积极作用，是民事审批的重要程序保障之一。在此不再赘述关于该项制度所具有的积极作用，但在设计时该制度也有着一定的先天缺陷，操作如有不当，不仅会大大增加当事人的诉讼成本，浪费司法资源，也会使司法实践为此付出代价，因而发回重审制度需要慎用，甚至有必要取消。

现行发回重审制度的弊端体现在以下几个方面：首先，没有制定明确的发回重审标准，在适用范围上也含糊不清。民事诉讼法关于二审发回的标准与理由是"原判决事实不清，证据不足，或是认定有误""原判决与法定程序相悖，对案件判决的正确性存在可能影响"。按照条文表述进行实践将存在极大的操作难度。民事案件涉及较广，差异较大，而法官的法律素养、判案能力又各不相同，案件事实的清晰与否和证据的充足与否难以把握，目前的民事诉讼法条文没有确定明确标准。至于程序上的理由，民事诉讼法给出的条件是"可能影响案件正确判决"，如此模糊的规定自然是要靠法官的自由裁量了，既然是"可能"，那么在具体的理解与判断方面，不同的法官可能存在不同。因为没有针对发回的理由与标准进行明确规定，使得法官的自由裁量权相对较大，存在部分法官借助自身权力对同案作出不同判决的可能性，由此导致有更大可能性发回重审，严重损害了司法的公正性和公信力。

民事诉讼法关于发回重审理由的规定在表述方面的明显缺陷受到了法学专家和司法界的批评。有学者认为，二审法院如果判定原审判决认定事实错误或事实不清的，说明对事实已查清，既然这样，那么二审法院应作出直接改判，而不是发回重审；如果二审法院并未查明案件事实和证据，那么就无法认定原审法院的判决是"事实不清、证据不足"，自然更加没有理由将案件发回重审了。我国法院判决经常强调"以事实为依据"，但事实的认定是以证据来判定的，如果缺乏有力证据证实案件的真实性，二审法院则应该按照证明责任规则进行判决，拒绝审判显然符合现行的证明责任规则。诉讼活动应是一个证明过程，诉讼程序存在的价值，就是要根据公正原则对合法化的法律事实进行证明。所以说因"证据不足、事实不清"理由将案件发回重审是不符合现代法律精神的。

二审法院作出发回重审决定的理由也包括"判决不当"与"适用法律错误"，但是二审法院既然负有监督基层法院判决的责任，就应该对一审判决中的错误进行直接改判而不是将其发回。所以，应当摒弃这种"判决不当、适用法律错误"标准。

另外，发回重审制度会因循环审判而加大当事人的诉讼成本。依据当前民事诉讼法中的规定，二审法院将原判撤销要求发回重审后，原审法院所作出的判决就还是一审判决，且由于发回重审的次数未受限制，理论上诉讼当事人可上诉多次，这既加大了诉讼当事人的诉讼成本，浪费了我们国家宝贵的司法资源，还会出现有些当事人利用诉讼漏洞"缠诉"的现象，从而使得对方当事人不堪其累，从而放弃权利救济。另外，这也不利于诉讼效率的有效提升。

因此，笔者认为，慎用甚至取缔发回重审制度有很大必要，虽然该项制度曾发挥过积极影响。发回重审判决的做出不仅会产生循环审判、重复审判，还会导致当事人的权利与义务一直处在未定状态，从而使当事人的诉累与诉讼成本增加。尤其是将再审案件发回重审，给予当事人一定希望之后，又使其走上异常艰难的再申诉之路。在不断加大诉讼成本的同时，诉讼目的却越来越难以实现。

第二节　法官与民事司法成本控制

一、我国法官的现状及问题

（一）各法院间法官资源不平衡

我国司法群体在数量上呈现出地域不平衡性，在质量上则有待全面提升。新一轮司法改革之前，我国法院特别是法官数量占据世界第一位，近 20 万名[①]，随着司法改革深入推进，员额制改革已基本完成，目前全国法院产生入额法官 12 万名[②]。这个法官数量同国外相比仍不少，但不同级别与不同地方的法院在法官素质与数量方面存在着显著差异，尤其是基层法院，其法官数量和质量有待全面提升。在目前的司法体制下，司法辅助人员的作用无法得到充分的发挥，从而导致了法官在实质上承担了大量除审判工作外的其他工作，整个社会都形成了"法院系统很累"的共识。在新一轮的司法体制改革中，中央深改办要求法院入额比例不得超过 39%，从法官精英化的角度看，这个比例要求是合理的，而调研数据显示，在法官员额制改革中，院长、副院长入额遴选比例较高，达到 11.76%，所谓审而优则仕，大部分法院的院长、副院长都曾是业务尖子，业务能力优秀，政治素质过硬，所以入额比例较高也符合实际情况。但考虑到这些领导层的法官还要承担较重的行政工作，较为普遍的做法就是入额的院长、副院长办案任务只是普通入额法官的 10%，庭长升至 20%，另外，这些"超级法官"还有简易的优选案件的权利。这样原本属于领导阶层法官的工作就向普通法官转移，使得普通法官的工作负担不断加重[③]。

其一，级别不同的法院所拥有的法官资源存在明显的不平衡。一般情况下，越高级别的法院，其法官的素质与比例也越高。调查报告显示，目前我国法官的整体素质已经得到了大幅提升，具有大学本科以上学历的占 97.85%，其中硕士占比 34.37%，博士占比 1.32%[④]，从数量上看，级别越高的法院，

---

① 林娜：《案多人少：法官的时间去哪儿了》，载《人民法院报》2014 年 3 月 16 日第 2 版。

② 参见 2017 年最高人民法院工作报告。

③ 宋远升：《精英化与专业化的迷失——法官员额制的困境与出路》，载《政法论坛》2017 年第 2 期。

④ 《中国法官基本生存状况调查》，http://bbs.tiexue.net/post2_12015191_1.html。

入额法官人数越多，省市级法院当中的入额法官相较于基层法院要高出许多。这种不平衡来自两个方面的原因，一是不同级别法院的职能要求，不管是省高级法院，或者是市中级法院，两者的职能更多是监督、审批；基层法院则以审判、执行作为主要职能。高级别法院法官需具有更高的理论审批水平，方可提升裁判的正确性，更好指导基层法院的审判。但另一方面，形成这种不平衡性的主要原因，是高级别法院一般都处于地市级以上较大城市，其工作环境、薪酬福利与职业远景相较于基层法院更加优越，所以更有助于吸引人才。而部分偏远地区的基层法院，工作条件相对较差，法官流出现象严重。理论上讲，高级别法院由于职能要求，所以其法官的水平也更高，但实际情况是绝大部分案件都由基层法院处理，这一级别的法官所面对的案件有可能更加复杂，而整体审批效率也取决于基层法院法官的数量与素质，所以有必要改善这一不平衡问题。

其二，法院法官资源在地域上也存在严重的不平衡问题。因为地区经济的不平衡发展，中等及以上城市地区的法院同独立县市的基层法院的法官资源出现了较大差异。这种差异主要体现在两个方面，一是入额法官人数差异。城区法院入额法官人数普遍高于县市地区法院入额法官人数。另外城区法院广泛存在超员的问题，而部分偏远地区却存在人员不足的现象。这说明在法官数量配比方面存在很大的地区差距。二是法官素质差异，学历是衡量法院法官素质的关键性指标之一，北上广等发达地区的基层法院有不少一流法学院的毕业生，而欠发达地区的基层法院正规的法学本科生都比较少。而且业务素质较好的法官工作几年后会从经济欠发达地区的基层晋升到城市法院进行工作，这无疑会使得基层法院面临巨大的人才压力。

（二）真正办案的法官少

前文已经指出，新一轮司法体制改革后，法官员额制全面推行，目前全国入额法官 12 万名，这其中法院院长、副院长入额占比达到 11.76%，但因为这些法院的行政领导的实际办案数量要远低于正常法官的办案量，因此，在实际工作中，一线办案的法官的工作量要比平均工作量大很多。

我国法院采用的是行政化的管理体制，在法院的具体工作中，行政性工作占有相当大的比重，不少入额法官需负责行政性工作。法院中的行政岗位及综合服务部门占用了法院的很大一部分人力资源。大多数法院的院长和庭长级别的领导虽然也是法官，并且大多数是入额法官，但是大量的行政工作占用了他们的时间。所以办理案件的数量已经很少，部分法院领导几乎不会参与案件的审理，而另外一些任职于办公室与纪检等综合性部门的法官，也几乎不参与审判。因此，应当从内部结构上将法院人员具体划分为法官、全体人员、办案法官，只有办案法官才是真正意义上处理案件的人，这部分法官的占比是很低的。员额制改革后，中央深改组要求入额法官的比例不能超过法院在员额制改革之前，在员额制比例不得超出中央政法编制的 39%，等于将之前接近 59% 的法官数量精简了 20%，绝大部分降格为司法辅助人员，如此一来一线办案法官将大幅减少[1]。

（三）有待提升办案法官的工作效率

除法官数量以外，法官个体结案的数量也还是有很大的提升空间的。员额制改革以后，全国各地法官人均办案数量同比都有较大幅度增长[2]。根据 2017 年法院结案量和法官数量测算，我国法官每人年均结案数为 150 多件[3]，这个测算里面没有剔除行政领导的数

---

[1] 宋远升：《精英化与专业化的迷失——法官员额制的困境与出路》，载《政法论坛》2017 年第 2 期。

[2] 参见 2016 年最高人民法院工作报告。

[3] 参见《最高法：员额制改革后，全国法官人数减少 4 成》，凤凰网，http：// news. ifeng. com/a/20170731/51537153_0. shtml。

量，考虑到行政领导虽然也参与办案，但实际办案数要远低于一线法官，我国一线法官每人年均的结案数要高于这个数字。但这确实反映出我国法官的结案数量要远低于众多国外法官的年均办案数。

造成国内外法官人均办案数量差异的原因除了个体因素外，司法制度是最主要的问题，国外的法官具有较强的司法独立性，司法审判与辅助审判制度都比较健全，都会为法官配备助理，国外的法官除撰写审判书与审理案件以外，不必为其他琐碎的事情劳力费神，辅助性的工作都由法官助理来完成，因而能全情投入审判工作，审判效率自然大大提升。而我们国家的法官，特别是基层法院的法官，由于司法辅助人员配备不到位，除了正常的审判工作，常常要花费很大的精力在了解情况、调查取证等辅助性工作上，此外，经常还会被要求花费时间参加法院内部以及政府部门组织的各项活动，比如在年节、"两会"期间，法官往往负有维稳、截访等任务。如此一来，我国法官的审案数量必定会受到很大影响。

另外，随着社会经济的发展，人工智能以及电子支付等新型科技手段在人民生活中广泛应用，各种民事纠纷呈现复杂化趋势，不仅对法官的综合素养提出了挑战，也影响了法官的审判效率的提升。职业压力、外界经济诱惑导致我国在 2015 年曾出现法官离职潮，但实际上离开法院工作岗位最多的还是司法辅助人员，特别是在基层法院，在司法辅助人员缺乏的情况下，案件的日益复杂化无疑使得法官的审判效率雪上加霜。

（四）激励不足导致法官流失

据最高法院公布的数据及媒体的报道，2015 年全国法院离职的法官达到 1 000 多人，被媒体及业内人士称为"法官离职潮"，离职的法官人数占全国法官总数的 0.5% 左右①，这个比例

---

① 陈琼珂：《去年上海 86 名法官离职，司法改革能消解"离职潮"吗？》，http：//shzw. Eastday. com/shzw/G/20150420/u1ai147926. html，2016 - 03 - 29。

要大于同期公务员的离职比例。社会舆论普遍将其归因为员额制改革的影响，的确，在有些法院，员额制导致的离职法官数量不少，甚至超过离职法官总数的一半，但综合法官的离职原因，员额制显然不是全部，工作压力、外部薪酬诱惑等因素也是促成法官流失的重要原因。

任何职业的人才流动都是常态化的，从经济学的角度来讲，人都是"经济人"，自身利益的最大化是个体行为的重要驱动力，所谓"人挪死、树挪活"，求学深造、考取更高层次国家公务员，这些能给基层法官带来更高职业荣誉感和人生价值成就感；而辞职做律师、到大公司去做法律顾问则能带来更高的收入。当这些新的职业能给法官带来更大的收益时，放弃现有的工作自然成为人生选择。个人收入作为构成职业荣誉感的主要部分，是所有工作人员极为关注的，国内法官收入经过多轮改革，在同级别的公务员队伍中还算不错，在有的城市，法院法官的平均收入是高于其他公务员的平均工资的。但是法官收入是与行政级别挂钩的，级别越高的法院法官的收入较高，但基层公务员的工资就比较低了。此外，同样是法律从业者，律师的收入普遍多于当地基层法院的法官，而律师的收入和其资历往往具有密切关系，让具有法院背景的法官担任律师一职，由于他们具有办案经验和过往职业经历，案源会更加充沛，收入自然水涨船高。这种收入上的差距和外部诱惑是激励法官升迁或跳槽的重要原因。

此外，在新一轮司法改革之前，我国的司法独立性尚未有效确立，很多地方的司法审判会受到当地行政部门的干扰，甚至是以地方党委的指示精神来办案，司法权威性就更无从谈起了，社会缺乏对司法系统的信任与尊重。由于我国的立法工作也有待完善，法官在审判过程中的自由裁量权过大，这就导致了个别法官利用自由裁量权办理"人情案"，在这种社会背景下，许多当事人为了赢得诉讼到处找关系托人情，如果赢了，他们并不认为是法律的胜利，反而认为是他们"工作"到位，会到处炫耀自己的社会交往能力强；败诉一方则认为法官对另一方有利，判决不公，他们就会持续上诉或上访。另外，法官内部的工作压力巨大，这个压力除了诉讼当事人因为对司法系统的不信任而产生的缠讼、闹访，法院内部一些不大合理的工作考核制度也是让法官如履薄冰的重要原因。

综上所述，薪酬相对较低而外部收入诱惑巨大，司法权威性被抹杀、工作不受尊重、工作强度和心理压力大，以上原因导致了法官的流失。此外，我国的流失还有一个显著的特征就是业务能力强的精英法官流失更严重，不同于其他行业的职业淘汰，司法行业常常是优秀人才流失严重，这对整个司法系统的伤害是很大的。随着司法改革的逐步深入，司法独立性不断加强，法官职业走向精英化和专业化，法官流失的现象会逐步得到缓解。

二、法官的精英化改革

就本书的中心任务而言，对于法官精英化改革的路径优化上，首要考虑的就是司法成本控制的目标，员额制改革是实现法官精英化的必然要求，而专业化培养是长久保持法官精英化的根本。

（一）双向推进员额制改革与专业化培养

员额制仅解决了如何选拔人才的问题，而专业化则解决了法官要如何做、做什么的问题。与员额制改革相比较，社会对专业化具有更为迫切的需求。具体原因是，员额制改革会使得办案力量减少，进而在短期内出现案件积压状况，此类改革是牺牲短期利益，以获得更大的长远利益；专业化则能够让公民更好地了解司法，使法官的办案水平得到大幅提升，而业务水平的提升自然会促进办案效率的提升，所以这其中的利益是公民目前就能够看得见的。因此，如果意图实现对社会适应性与长远利益的"两手抓"，那么就需要在推进员额制改革的同时，开展专业化培养工作。员额制改革在法官精英化的背景之下主要表现为改革入额的方式方法。为此，宋远升做出了"十字架"模型，该模型的横向、纵向分别是以不同地区的法院与法院的不同业务庭作为对象，进行员额比例的弹性设置，对不同层级的员额需求进行分析[①]。

就员额制改革而言，以某种比例实施"一刀切"是极度忌讳的，这会导致许多不适应情形的出现。概括而言，按照最近几年审理案件的复杂程序、数量与类型来确定员额制比例是较为科学的。按照这种标准，一二线城市的中级法院与基层法院在法官入额比例中理应更高；而偏远地区的中级法院与基层法院由于案件种类不多，案情相对简单，可适当降低比例。目前员额制比例的配置标准是不超过39%，针对不同地区的具体情况，可以依据这一标准进行适当调整。三线城市的市辖区中级与基层法院，以及一二线的中级与基层法院，法官的入额比例可超过39%[②]，然而需与近三年时间接收案件数相一致，且比例不能够超过50%。而其他法院必须遵循不超过30%的规定。法官专业化，实质是选拔法官人员后该怎样优化配置法官资源的问题。从本质上讲，法庭的专业化、法院的专业化（以一二线市辖区的基层法院为主）与法官的专业化为未来时期法官选择擅长案件进行审理提供了条件。此外，在推行员额制改革的情况下，专业化能够使得法官"越改越累"问题得到妥善解决，从而形成了总量增加、耗时固定的新局面。在法官精英化改革的进程中，员额制与专业化发挥着"两条腿"的作用，唯有两者相互配合才能促进法治更好地发展。

---

① 宋远升：《精英化与专业化的迷失——法官员额制的困境与出路》，载《政法论坛》2017年第2期。
② 高憬宏：《法官员额制的制度价值和实现路径》，载《人民法院报》2015年7月15日第5版。

（二）员额考核和司法去行政化上下呼应

在员额制改革中，司法去行政化的落实、员额考核标准的统一是不可逾越的底线。然而现阶段改革的主要问题是法院领导层，比如院长（包括正级与副级）等的遴选流于形式，其实是固定入额的。关于此可理解为员额制考核受司法行政化冲击所产生的问题。诚然，若法官员额的分配仅限于一线办案法官，对于曾因取得优秀业务成绩而获晋升为领导层级的法官（譬如院长、庭长等）缺乏足够的公平性，也是长期制约员额制改革的重要问题。经研究得出，由"职级系统分化"的角度来解决这一问题虽然不是特别成熟，但也算不错的思路之一。

职级系统分化指的是对法院的人事系统进行细分，主要划分为专职司法审判事务与专职行政性事务的两个分系统，且两个系统在人员上遵循相互独立、互不隶属的原则。司法行政系统在薪资水平机制的设置方面还是主要按照行政级别，而司法审判系统则进行了一定的改革，根据法官级别来确定薪资水平。而法院内部专门从事行政事务的人事部门（主要有研究室、政工科、办公室等）的职称评估与公务员采用相同的晋升方法，所以他们不应该与案件审判联系起来，也不应占据法院员额比例，制定薪资标准时也应与法官有所不同；司法审判系统的人事部门是审判庭与审判委员会。研究人员经研究分析得出，审委会的组成人员大都是领导层级的法官（譬如院长、庭长等），入额后仍旧不能够解决需解决的问题，对此可利用法官的级别与薪资进行调节。在法院内，院长是行政系统的一把手，也是司法系统的一把手，同时是与外部沟通的主要人员，因而不能够以法官级别来限制其业务，但薪资与法官也不得相差太远；庭长与副院长级别的人员若要入额，必须参与案件的办理，然而目前该群体的办案数量只有一线办案法官的10%，针对这种情况，若强制要求他们参与案件的办理，往往会起到反作用，而调节薪资却是一种较佳选择。

具体措施为：若入额领导层办案数量不足一线办案法官平均数的一半，则将他们的薪资调节至一线办案的五级法官（最低层级）下。在司法审判系统中，法官的薪资与是否是领导不存在关联，更多由法官级别决定，级别是对法官办案能力的肯定，因而在办案数量与质量方面也应有所反映。如此有可能会造成一种"做领导的不如做法官的，不办案就无法享有高薪资"的司法生态，而这应该也是法官精英化改革期望实现的。

无论是实务界，还是理论界，在员额制的考核标准方面都进行了较为全面的探讨，此处不再讨论。需要关注的是，对法官掌握的司法技能进行考察的同时，在法律理论与司法理论方面也需要对法官进行考核。当时，司法技能占比不得低于2/3，这里的司法技能考察既包括对制作判决书的能力的考核，也涵盖对典型案例的思考与分析能力的考核，不仅涉及实践，也涉及总结与升华。考核法学理论是司法改革中对裁判说理机制予以追求的一种表现。判决说理有时面对社会分歧非常大的法律争议也难以给出统合冲突的视角或者价值观，但至少可对各方的关切与考量予以充分展示，在得不到最优结果时供给次于最优结果的某种论述，可提升判决的可理解性与可接受性[①]。强化法官法学理论使其在司法判决做出时能够倾向说理，让当事人对该判决做出的原因更好地进行理解，这对司法效率与服判率的提升都是有积极影响的。在司法伦理考核方面，需要以职业道德、反腐等的教育作为重点，使法官能够恪尽职守，珍惜并热爱法官这项高新、高尚与高社会尊重的工作。

在法官精英化的背景下提出的司法成本控制，从国内司法制度层面看，此项改革具有前瞻性与挑战性，突破原有的以精简人员方式实现审判效率的简单思维。而要推行法官精英化改革，首

---

① 秦前红、黄明涛：《法院如何通过判决说理塑造法院的权威——以美国最高法院为例》，载《中国刑事法杂志》2012年第3期。

要内容是对法官精英化与司法成本控制之间存在的关联进行梳理，由怎样实现司法成本有效控制的角度来思考法官精英化的方式是推进这项改革的基本思路；勇敢面对法官精英化改革进程出现的各类困境与挑战，是对法官精英化改革持有的具体态度与立场的反映；进行改革制度的设计是这项改革由泛化向细化、由理论向实践迈进的重要步骤。法官精英化改革是一项系统工程，应当通过制度、法律与人文素质等方面的完善保障改革的有序推进。法官精英化改革的根本诉求是实现国内司法成本投入的良性化，使司法的高效化以及法官的精英化得以实现，进而使国内的法治建设得到进一步推动。

第三节　民事诉讼程序的完善与司法成本控制

控制民事司法成本的方法主要有诉讼制度、程序对成本的最优配置与诉讼主体对成本的最优投入。就社会优化与诉讼数量而言，应当将有限的司法资源集中在重大的或立法不明确、情况复杂的纠纷，有效的诉讼程序设计应该以能否剔除潜在当事人所存在的机会主义作为考核标准，换言之即向法院提交的是充分考量个人与社会成本之后的案件与纠纷。基于对成本与准确性的全面考量，要求程序的设计能够具体反映不同案件的成本配置。鉴于此，本书将立足成本最优配置的要求，推进民事诉讼审前与审判程序的完善。

一、审前程序的完善：推动信息交换

建立审判法律制度的原因之一是尽可能避免审判的发生。更为具体地讲，审判的目的是利用强力威慑驱动当事人达成和解。审前阶段是能够实现和解的首个环节，即当事人提起诉讼而法院

未受理案件前的这段时间。审前程序指的就是法院为对案件进行筛选、梳理争点、促成和解、保障审判有序推进而在审前阶段进行的准备程序。能否提升整个民事诉讼效率与审前程序具有密切关系。首先，筛选案件可有效促使存在和解余地的案件达成和解，这对当事人与法院的诉讼成本的缩减来讲都是具有积极影响的；其次，梳理没有和解余地的案件的争点，有助于法官更好地开展审判工作。

然而，国内的"审前程序"不管是从实操角度来讲，还是从法条规定来讲，既未起到促进审判效率提升的作用，也未起到筛选案件的作用。国内现行民事诉讼法关于审前准备的相关规定，其立法的目的是为开庭做准备的。其内容主要涵盖以下四个具体方面：（1）告知，即按照法律规定将当事人相关的诉讼权利与义务以及合议庭构成人员情况告知当事人；（2）送达，将答辩状与起诉状副本送达给当事人；（3）审核与取证，包括审核诉讼材料和调查取证两个方面；（4）追加应当共同参与诉讼的当事人进行诉讼。上述四方面内容除第（3）点以外，剩下三点都是程序性准备。

国内审前程序虽未对筛选案件、促成和解予以强调，但争点的整理与庭审的推进需要进行实质性的证据交换。实质性的证据交换是指当事人要如实地将对自身有可能造成不利影响的证据交给对方，不然将承担不利的诉讼后果。受"证据随时提出主义"影响，导致即便进行信息交换，双方当事人也不会一次性将底牌交出，从而使得证据交换流于形式。外加国内目前的律师代理现象未普及，部分没有律师代理的地区，因当事人对案件的法律信息了解不够，导致对自身的诉讼预期收益进行了高估或是低估，最后难以以和解方式解决纠纷，只得提起诉讼。

证据开示是美国审前程序当中最为有名的规则之一。其实质上属于强制性的信息披露规则，指的是当事人可要求对方或是第三方提供案件有关的证据。分享与交换证据有助于缩小当事人关于案件的预期差异，同时有助于和解的达成。所以这种能够减少信息差异的规则——证据开市对和解概率的提升具有积极影响。

按照上述分析，笔者认为健全国内审前程序应当对下述目标予以明确：首先，提高审判效率；其次，促进和解。而这两大目标的实现可借助以下具体措施：（1）进行证据交换制度的构建并加以完善。在明确诉答文书中的基本争点的基础上，还可组织当事人交换证据以明确真正争点。（2）健全举证时限制度。设置证据提交的截止时间，否则真正的争点将难以确定。避免部分当事人通过"证据突袭"来损害对方利益，同时避免因举证时间过长而加大当事人与社会的诉讼成本。因此，许多国家将庭审阶段作为举证时限，以显示公正，并为法官监督与衡量举证时限提供便利，使有可能发生的不合理现象得到改善。审前会议制度的构建，不仅有助于争点的整理，还有助于集中庭审，所以法院有必要在庭审之前对审理涉及的证据、调查计划与调查顺序进行明确。否则缺乏安排性的调查将影响到集中审理的实现。而为提升后续的审判效率，法官在审前应当就审理计划与当事人一起进行合议。概括来讲，审前程序对于加大信息披露力度、达成和解与提高审判效率等目的的实现具有直接影响，有必要加以完善。

二、一审程序的完善：案件类型化的配置

简单案件适用复杂程序虽有助于案件准确性的提升，但却无法降低诉讼成本。相反，将简易程序应用在复杂案件中虽有助于诉讼成本的减少，但准确性则难以保证不受影响。所以，要根据案件类型选择适合的审判程序，以优化配置成本。在普通程序之外，再设置小额诉讼程序与简易程序的目的就是为了更好地实现成本的最优配置。

国内的简易程序指的是简化的民事普通程序，包括简化立案方式、送达方式、举证时限、审前准备程序与审理期限等。国内

多数一审民事案件都是通过简易程序进行审理的，然而对于许多纠纷来讲，简易程序还是太过繁琐与复杂。

简易程序中的简化措施在现实中也没有起到提升效率的作用，主要原因在于这种程序在规制方面仍然比较严格，尤其是关于证据收集的相关规定，最耗费当事人经济与时间成本的部分的承担者仍为当事人，法官未掌握筛选案件与提高诉讼效率的有效手段。国内民事诉讼法虽然对简易程序的适用范围进行了规定，认为其适用于审理简单民事案件，而对于"简单"的解释是事实清楚、权利义务关系明确、争议不大，此类概况式的论述缺乏较高的可操纵性。应引起重视的是此处没有规定标的额，不管案件属于"一元"官司，还是"百万元"官司，均适用简易程序是不合理的。简易程序的司法程序不简易，普通程序的司法程序太过复杂，既浪费了司法资源，还导致标的额不高的当事人望而生畏。若是付出的成本太高，那么即便再有助于展示正义的审判，也会被多数人放弃。

伴随国内依法治国理念的强化与法治建设的深入，加上市场经济的冲击与公民诉讼观念的不断增强，使得之前"耻诉"的落后观念逐步改观，从而使得小额诉讼的数量日趋增多。小额诉讼指的是标的额较少的诉讼。"一元"官司出现后，广大人民群众的维权观念得到了飞速发展，诉讼案件数量呈喷射状增加，给法院造成了巨大压力，迫切需要建立效率较高的诉讼程序进行分流。

小额诉讼程序的特征包括：标的额较少、注重调解、程序简单等。这一程序是社会正义与诉讼效率相结合的表现，更符合时代与社会的需要。从主体方面来讲，小额诉讼一般都是经济水平不高、经济地位较低的普通百姓提起的。若诉讼费用过高、诉讼时间过长必然会影响他们诉讼程序的选择。而目前司法体系受到众多人们所诟病的原因就是民事诉讼的诉讼费用过高、诉讼周期过长。如果这一不足无法得到及时弥补，那么历经一番选择后当事人极可能会放弃诉讼。而小额诉讼程序却有效地弥补了这一不足，使弱势群体赢得起也打得起官司。

小额诉讼设计时必须解决的两大问题是当事人的选择权利问题与受理标准问题。小额诉讼程序就全球来讲，在其受理范围上都进行了金额的限制，这与小额诉讼程序的设立宗旨是相符的，其本意就是能够更加高效快捷地处理案件，为当事人双方及司法系统节约成本。而那些存在复杂情感与其他因素的案件，比如婚姻纠纷、劳动纠纷等一般不会用小额诉讼程序来审理。国内小额诉讼的试点中，一般将案件标的额限定为五千元之内。笔者认为，立法时可将小额诉讼程序的范围限定为金额不超出某一范围的财产纠纷，仅确定最高值。关于具体金额数量则由各省参照自身经济发展情况进行确定。

此外，有关当事人的选择权问题笔者认为可结合自愿与强制原则，强制要求不超出某一金额的案件适用小额诉讼程序。

三、上诉程序的完善：规制滥诉

就经济学视角而言，上诉制度制定的主要目的是为降低社会成本。就理论视角而言，其设置的主要目的是弥补法官不可能一直保持理性，以及不可能一直完全正确地进行裁定与判决。再审与上诉制度为当事人创造了一次补救机会。

上诉指的是当事人对法院所作的尚未发生法律效力的一审裁定、判决、评审等表示不服，并十规定时间内，按照法律规定声明其不服，要求上级法院对案件进行重审的诉讼行为。之所以设置上诉程序，目的在于：（1）为当事人维护权利提供多层审级救济的方式；（2）消除错判，通过指导监督来促进审判质量的提升，从而使司法公正得到保障；（3）推动法律的统一适用。学者三月章曾指出，允许同一事件以金字塔式的多级法院形式来开展多次审判，最后以最高法院作出的审判为准，可有效防止同一法令适用或是解释不同的问题出现①；（4）提高司法认可度。设计上诉审制度，一是为了追求裁判本身的正确，另一方面也是为使司法解释的统一得以实现，第一方面有利于当事人；第二方面有利于国家②。当事人不认可一审法院的判决时，二审法院会以更严格的程序让其相信法院所作出的一切判决都是基于谨慎考虑之后所得出的结论，从而让其诚服。而且，若是将再审率、上诉率纳入法官考核范围之中，那么上诉制度的存在还有利于调动法官办案积极性。

但实际生活中，许多存在机会主义的当事人会借助上诉来故意延长诉讼时间，以牟取不当利益，这种情况无疑会加大法院成本，影响诉讼效率。笔者认为可从下述方面来完善上诉程序：

（1）对滥上诉的现象加以规制。若上诉的案件原判是正确的则要收取一定费用。由相关的诉讼模型能够得知，在当事人不认可初审结果的情况下才会提起诉讼。如果国家有这样一个上诉程序，相较于撤销正确判决而更正初审错误的概率更大。那么上诉的当事人有可能会自然分离，换句话讲，原判没有错误的当事人会认为没有上诉的必要，而错判的当事人则会认为有上述的必要。而国内因为上诉成本不高，所以没有这种自然分离现象的出现。主要体现在以债务人为代表的部分当事人为拖延债务承担的时间故意上诉。针对这种现象，国家可利用诉讼费用的增加来实现分离。若确实存在误判则可进行改判，返还部分费用，若定义为恶意拖延时间的，除了不返还以外还应当接受一定处罚。

（2）仅做法律审，不做事实审，降低上级法院成本。加强一审程序在事实调查方面的相关职能，以分担二审压力。一审功能若是得到了充分发挥，使当事人诚服就不会出现上诉；即使上

---

① ［日］三月章：《日本民事诉讼法》，汪一凡译，台湾五南图书出版公司1997年版，第515页。

② 王甲乙、杨建华、郑健才：《民事诉讼法新论》，三民书局出版社1983年版，第547页。

诉出现了，但由于一审已将事实调查清楚，受理上诉的法院也可将精力倾向于法律使用，以提高办案效率。

（3）取缔一些案件的上诉权，实施一审终审制。一审终审指的是某些民事诉讼案件只需一审受理便可作出终极裁判。这类案件因为没有上诉机会，会使得当事人的不满难以宣泄，为此有必要对其严格规范。首先，对上诉标的额加以限制，将一审终审制的适用范围规定为标的额较低的民事诉讼案件。标的额虽不能对案件的全面情况进行准确反映，但标的额不高的案件通常属于"负值诉讼"，所以有进行限制的必要。鉴于不同地区的经济发展差异较大，所以在标的额最低标准的设置上应参照所在地的具体情况由辖区的高级法院予以确立，并向最高法院上报进行备案。其次，对案件的难易程度进行充分考量，对于那些案情简单、事实明朗且争议较小的案件可适用一审终审制。如此一来，标的额选择标准方面的不足便可得到弥补。最后，设计约定不上诉原则，即双方当事人可通过协议的签订来约定进行一审终审，不管争议内容符不符合一审终审范围，当事人都必须履行协议，不得上诉，而法院也要对当事人的自主选择给予尊重。作为当事人处分权之一的上诉权，应当得到法律保护，但当案件涉及公共利益时，则约定不上诉的规定不适用。

第四章

当事人与民事司法成本控制

从社会的角度看，民事诉讼效率的起点是确保社会最优的诉讼数量得以保持，该数量要求将预防、诉讼等成本在内的社会成本最小化。而民事诉讼中当事人旨在通过最少的时间、经济成本与精力来获取利益相对最大化的一个判决。按照现行的民事诉讼法的相关要求，法院在处理民事案件时要遵循"不告不理"原则。启动民事诉讼程序的当事人，有权作出程序继续与否的决定。所以，对当事人该主体在控制民事司法成本上的作用进行分析的重点在于分析当事人诉讼的缘由与方法。

第一节　当事人诉讼成本与策略选择

按照经济学的角度来讲，民事纠纷的当事人指的是为谋求最大化自身利益的理性人，他们会综合权衡诉讼产生的成本收益来选择解决纠纷的具体诉讼方式。

一、当事人的诉讼成本构成

这部分成本包括可变成本与相对固定成本两部分。前者主要指当事人能够直接进行控制的成本，比如证据收集与律师雇佣的成本；后者主要指法院收取的诉讼费以及程序运行过程中产生的经济与时间成本，又可称之为配置成本。

　　在我国上述固定成本即诉讼费用，收取方为法院，包括具体的案件受理费以及其他相关费用。国内诉讼收费办法明确指出，经济类案件受理费和执行费的收费依据，是按诉讼标的的金额收取的，而非财产案件与非讼案件则按照计件方式收取；鉴定人与证人的住宿、交通、误工费用以及公告、鉴定涉及的费用都属于诉讼收费范围。另外，程序不同需花费当事人的成本也是各不相同的。比如一审程序，简易程序与普遍程序的审理最长期限分别为六个月、三个月。若当事人选用普通程序来处理纠纷，则需付出更多的金钱与时间成本。此外，在质证、举证、辩论方面，不同的程序也有着不同的要求，所以需花费的当事人的成本也不同。

　　为扩大胜诉概率，当事人通常还会聘请律师，并为此付出对应的代理费用。代理费用一般是由律师和当事人以协商的形式加以确立的，通常高于诉讼费用。聘请律师进行代理的案例当中，超出50%案件的律师代理费与案件受理费在整个诉讼成本中的占比达到80%，在诉讼标的总额中的占比达到10%。发展至今，伴随案件复杂性的增加以及诉讼进程的专业化发展，聘请律师代理的诉讼案件不断增多。目前当事人诉讼成本中有很大比例为律师费用。

　　当事人的诉讼成本中除律师代理费之外，还有相当比例的成本是当事人花费的，比如当事人为诉讼支付的各项饮食、住宿、交通、误工、通信费用。诉讼不仅会造成经济方面的损失，还会影响到当事人的商誉、声誉以及日后活动。此部分损失是无法准确衡量的，通常会影响到当事人纠纷处理方式的选择，所以也不得小觑。

　　最后，诉讼过程中耗费的时间不仅加大了诉讼成本，也会消耗掉当事人巨大的体力与精神。聘请律师进行代理的案例当中，律师代理费主要是按时计算的，虽然有部分律师代理费是按照胜诉比例抽取，但也会考量到律师花费的时间成本。通常情况下，收费会随诉讼时间的增加而增加。另外，时间的耗费同时还会增加当事人的机会成本。诉讼持续时间越长，越会耗费当事人更多机会成本，并且当事人收入越高时将耗费当事人更多的机会成本。耗费时间从某种意义上来讲，其实就是耗费当事人的体力与精神，诉讼拖得越久，当事人承受的精神压力越大，消耗的体力也越多。从人们的生命与精力方面来讲，在做出诉讼决策之前必须要考虑到诉讼时间这一大要素。

二、当事人对纠纷解决方式的选择

按照经济学理论，人们选择某一行为一般都是出于实现最大化的自身利益之上的。民事纠纷具有多种解决方式，比如仲裁、调解、诉讼、和解等，当事人选择何种方式来救济权利一般是综合分析不同解决方式所获得的收益与花费的成本等情况之后做出的。原有的诉讼经济学指出在预期净收益比零更大时，理性的当事人往往会做出起诉的决定。其中的预期净收益等于诉讼收益去除诉讼成本所得值。但这种分析有不足之处，侧重分析的是当事人诉讼决策是如何受诉讼成本影响的。当可供选择的救济方式有多种时，当事人通常会选择最有利于自身利益获取的方式。所以，唯有当诉讼的预期收益大于其他救济方式具有的预期收益时，理性当事人才会做出起诉决定。

应该引起重视的是，纠纷当事人的收益存在一定的广泛性与复杂性，既包括物质与金钱收益，也涵盖情感与精神方面的收益。比如比较而言，协商、调解的方式对于当事人情感的维系更为有利，而熟人间的纠纷常用该方法解决。对纠纷解决方式的成本和收益进行分析时，不得只围绕货币展开评价，需考虑众多因素，具有一定复杂性。

　　实际生活中，人们不可能保持绝对理性，信息、生活背景等因素都有可能会影响到他们，不同的人在纠纷解决方式的选择上有着不同的偏好。而心理环境会影响到这种偏好的形成，但社会上的各种因素又会影响到人们的心理环境。比如社会地位、法律信息、文化等因素都会影响到纠纷解决方式的选择。以沈明明和王裕华（2007）为代表的研究人员[1]通过研究发现，农民在解决经济纠纷时的选择偏好会受其所在地方的市场化程度影响，一般其所在地方的市场化程度越高，越会偏向使用正式的法律途径解决经济纠纷；另外，参加市场活动的机会越多，越会促使农民以正式的法律制度来解决经济纠纷。郭星华研究发现，纠纷解决方式的选择会受到纠纷主体的经济资源、社会地位与社会资本的影响，实际生活中的人们在选择纠纷解决方式时通常会综合考量各个方面的因素。对实际生活中不同人们在纠纷解决方式选择上的不同偏好进行研究，不仅有助于我们更好地理解当事人的行为动机，还有助于社会最优诉讼数量的实现。从原因上分析，当事人就纠纷问题向法院提起诉讼的原因主要包括两点：其一考虑到个人利益；其二双方当事人在诉讼预期方面存在一定的差异，通常差异越大，越有可能提起诉讼。

第二节　个体的诉讼需求与社会最优诉讼的分歧

　　从社会层面来讲，诉讼效率的实现是为了实现最大化的社会福利，从而使社会总成本下降。所以，若想实现最大化的社会福利数量就必须保障社会最优的诉讼数量。该目标的实现要求个案

---

　　① 沈明明、王裕华：《中国农民经济纠纷解决偏好分析》，载《北京大学学报》（哲学社会科学版）2007 年第 3 期。

涉及的社会收益比成本更大，换言之要求社会净收益为正数。但个人收益与社会收益有可能存在不一致的情况。原因在于理性的当事人主要追求自身利益的最大化，对他人及社会的利益关注不多；然而，现实生活中，因多种因素的影响导致人们在诉讼需求方面出现或强或弱的现象，最后使得诉讼数量与社会最优数量相比出现过少或者过多的情况。为对存在于当事人诉讼需求和社会最优诉讼两者间的分歧进行仔细研究，本书按照社会与个人净收益间的关系对民事纠纷进行类型划分，具体如下：

（1）第一类即诉讼净收益方面，社会与个人的净收益均是正数的案件。此类案件诉讼对于社会来讲是存在益处的。譬如，有些案件可通过规则的确立来弥补法律现有的不足。媒体上近几年常出现的"影响性诉讼"案件绝大部分属于这类案件。

（2）第二类即社会净收益是负数，个人净收益是正数的案件。这类当事人在诉讼动机方面较为强烈，但此类案件只会徒增社会成本，不会对社会产生积极影响。

（3）第三类指的是社会净收益是正数，个人净收益是负数的案件。虽然此类案件的诉讼有益于社会，但出于理性考虑，当事人往往不会提起诉讼。

（4）第四类指的是社会净收益与个人净收益均是负数的案件。此类案件无论是从个人自身角度来讲，还是社会角度来讲，都不应当提起诉讼。

上述案件中第一类与第三类案件提起诉讼是最优选择，而剩下两类案件应尽可能地促成和解，以免造成社会资源的浪费。

一、诉讼过度

就社会层面而言，只有第一类和第三类案件进行诉讼才是最优的。但有时在第二类或是第四类情况下也有可能会提起诉讼，如此一来便会导致诉讼过度现象的出现，加大社会成本，影响民事诉讼效率。

情形一，当事人就第四类案件提起诉讼。例如："一元诉讼"案，这一案例主要讲的是当事人要求书店赔偿其前往书店对存在质量问题的图书进行替换时所花费的一元路费。该案件花费了当事人近万元的诉讼成本。并且，一审结束之后原告还继续上诉，期间又耗费了许多财力。这些成本中还没有涵盖律师代理费、往返差旅费、两次审理的时间与金钱及误工费等。原告最后确实取得了胜诉，但实际损失根本无法通过诉讼请求得到弥补。另外，关于法院的判决被告也并不认可，这说明此次诉讼对他往后的行为也没有形成震慑力。其他商家更不会因此而做出改变。该案件既不利于当事人，也不利于社会。所以，面对此类案件时应该尽可能地让当事人和解。

情形二，当事人对第二类案件提起诉讼。譬如，意外事故给受害人造成了五千元的经济损失，为此受害人提起诉讼，在诉讼过程中受害方与致害方分别花费了一千五百元与一千元诉讼成本，但意外事故有一定的发生概率，而且该概率不会因为致害人的任何措施而降低，所以此类案件只会徒增社会成本。

二、诉讼不足

相反，若当事人在该提起诉讼时未进行诉讼，那么就会导致诉讼不足现象的出现。具体情形包括下述两种：

情形一，当事人遇到社会与个人诉讼净收益均是正数的案件（即第一类案件）而不提起诉讼。此类案件通常会严重影响社会与案件当事人，但却受制于种种原因，比如当事人对法院不信任、不知道该如何运用法律武器等，导致权利得不到救济。譬如康菲中国公司漏油案，因潮海处的钻井平台出现了工作失误导致漏油事件出现，这既极大地危害到国内海洋环境，还严重损害了海域范围内的养殖户与渔民的经济利益。然而具备诉讼权利的国家海洋局却未进行诉讼①，后来有渔民向法院提起诉讼才知晓。关于该案件作用于社会的收益有：确立海洋污染损害赔偿标准；对后续类似案件的原告资格问题予以了明确。此案件如果没有以诉讼方式解决，不仅会使得养殖户与渔民遭受的经济损失得不到赔偿，还无法有效震慑同类资源开发或是海上石油开发公司，更不会促使他们耗费庞大资金去预防危害。此类案件之所以存在诉讼不足的现象，主要原因在于当事人对自己诉讼能力不够自信或者是法律知识缺乏。若想弥补这一现象则应从两方面入手，首先，加大对法律知识的宣传力度，提升广大人民群众的维权意识；其次，健全诉讼保险与法律援助等相关制度，确保社会与个人的收益得到实现。

情形二，当事人遇到社会净收益是正数，而个人净收益是负数的案件（即第三类案件）而不提起诉讼。此类案件的诉讼虽然有益于社会，但出于理性考量，当事人一般都不会去诉讼，这就出现了诉讼不足的情况。

实际生活中，最典型的是公益诉讼。所谓民事公益诉讼即特定民事主体，比如社会团体、国家机关与公民，按照法律相关规定向法院就侵犯公共利益的行为提起民事诉讼。然而，在多数情况下比如面对垄断企业的捆绑销售与高额定价等问题消费者一般都保持沉默，究其原因主要是就这类情况提起诉讼需要消费者支付巨大的诉讼代价，但从中获取的个人收益却极小，因此多数人都存在"搭便车"的心理。针对诉讼不足的情况，国家既要重视提高法律宣传力度，还需具体分析。若该不足是诉讼成本过高造成的，则可通过设计具体制度，比如授权某些机构或是团体、制定诉讼费用补贴制度来对当事人的起诉予以支持。

除了前文讲到的两种诉讼不足的情形以外，因个人预算造成

---

① 余飞：《处理环境污染事件为何陷有法"难"用尴尬》，载《法制日报》2011年8月27日第7版。

的"诉讼困境"也会出现诉讼不足的现象。当当事人收入不高时，不管遇到的案件属于哪种类型，都会因没有能力支付昂贵的诉讼费而选择沉默，这极有可能会增加类似事故的发生概率。鉴于此，国家有必要提供相应的帮助，比如通过法律援助、诉讼费用减免、政策支持等来使弱势群体的合法诉讼需求得到满足。

三、矫正措施：促进和解、法律援助等

分析发现，就社会视角而言，大部分纠纷是不宜通过诉讼方式进行处理的，只有一小部分的纠纷有向法院提起诉讼的必要。为确保社会最优诉讼的目标得到实现，可采用下述矫正措施：

（一）促进和解

因为人们追求的是自身利益的最大化，而这种追求决定了社会纠纷的客观存在。没有哪个国家可通过某一种标准去度量并做出诉讼是否是最优选择的判断。从社会层面来讲，大部分案件采用其他方式解决或是由当事人自行解决，这将有利于减少社会成本。和解是妥善解决诉讼过度问题的有效方法之一。可如何达成和解？重点要对和解的影响因素进行全面了解。

当然，针对恶意拖延诉讼的情况，则可通过赔偿对方损失、制度性维权与罚款等方式进行预防。这样一来不仅可以节约国家司法资源，还能提高当事人效率。一项好的民事诉讼制度，既有助于当事人以较低成本对其自身权利进行维护，还有助于约束为实现自身私利而浪费国家司法资源的行为以及滥用诉讼权利的行为。

（二）合法分配诉讼成本

作为诉讼成本一部分的诉讼费用，会对当事人最终诉讼策略的选择造成一定影响。而诉讼成本的合理分配是诉讼效率实现的

基础。首先，完善诉讼费用征收标准。只按照诉讼标的额来征收财产案件的诉讼费用是不够合理的。征收费用需对相关因素进行综合考量，比如案件复杂度与难易度、法院工作者所付出的劳动、占用的司法资源等。只有综合考量上述因素，才会促使法院及法官在处理案件时进行相应的精力投入。标的额与诉讼成本两者间通常是不具有关联性的。若是标的额较小的复杂案件，往往会因征收的诉讼费用过少导致工作人员懈怠。相反，若是标的额较大但案情简单的案件，往往会导致当事人出于高额诉讼费用的考虑而不去诉讼。这时即便当事人提起诉讼并获得胜诉，也会因较高的诉讼成本使当事人的利益受损，对于提高诉讼效率来讲这是毫无益处的。其次，构建律师费转付制度。目前已有许多国家实践了这一制度，即胜诉方的律师费用由败诉方支付，具体支付金额由法官参照律师费用标准、案件复杂程度等因素进行判断，判定标准是不得超出已支付数额。

（三）加强诉讼援助

诉讼援助即国家将支持倾向有诉讼困难的当事人的一种制度，这种支持有费用支持、政策支持。诉讼费用交纳办法里，关于诉讼费用的缓交、减交、免交情况进行了明确规定。多数法院为实现"创收"通常只允许缓交，极少有允许减交或是免交的，并且缓交的时限也一般在作出判决之前。若想从根本上加强诉讼援助，则必须对法院目前适用的财政体制进行优化，将法院收入和诉讼费用结合在一起，赋予法官告知当事人费用援助的权利，这样才能确保当事人的权利获得维护。具体来讲，首先在覆盖范围上进行扩大。将被告、原告、团体组织与法人均纳入诉讼救助的适用对象范围中。其次从立法角度健全援助制度，将免费的法律援助提供给更多有需要的弱势群体。最后构建胜诉酬金制，充分激发公益律师的积极性，使常见的相互推诿法律援助案件的现象有所改变。

（四）构建公益诉讼制度

由前文可知，部分公益案件因为个人获得的收益不高，导致许多当事人不愿提起诉讼。为实现社会收益的最大化，国家应从立法层面，通过民事诉讼法对公益诉讼的范围、主体、相关权利及义务等内容加以明确。譬如，将诉讼的权利赋予一些团体，以此来促进最大化社会收益的实现，进而使当事人个人动机不足的问题得到解决。关于制度设计的具体问题，受研究目标与篇幅所限在此不再赘述。

第三节 影响当事人和解的因素

由前文可知，当事人的诉讼决策其实就是基于成本收益分析来追求自身最大化利益。考虑到成本当事人通常不愿去诉讼，即便最后向法院提起了诉讼，出于理性考量当事人也大都希望能够和解，以降低诉讼成本。另外，有些案件还存在当事人诉讼动机过度的情况，关于这种情况，除了进行外在制度的构建之外，关键在于使当事人双方能够达成和解。但如何使当事人和解？和解策略的施行会受哪些因素影响？目前情况下，我们该怎样通过制度的改革来促使当事人达成和解？

一、合作剩余的多少

和解的过程其实为关于合作剩余的分配所进行的讨价还价过程。而这里的合作剩余是指原告和被告两者在诉讼成本上的差额。在原告诉讼收益比被告诉讼成本更小时，才有和解机会，否则将不会有和解余地。关于这一观点在 1971 年以拉伍德（Larwood）为代表的研究人员阐述的乐观主义模型中有所提及①。假设原告认为其有 P_p 的胜诉率，而被告认为其有 P_d 的胜诉率，和解费用是 0，C_d 为被告诉讼成本，C_p 为原告诉讼成本，D 为判决标的额。原告最小的和解要求即其预期诉讼净收益，等于 $P_p \times D - C_p$，被告最高和解数额即其预期的诉讼成本，等于 $P_d \times D + C_d$。这时和解达成要符合的条件是：$P_p \times D - C_p < P_d \times D + C_d$，也就是原告的预期净收益要比被告的预期诉讼成本更小。

按照国内现行的诉讼费用分担原则，诉讼费由败诉方支付，其中不涵盖律师费。假设未涉及律师代理费用，则被告的预期成本等于 $P_d \times (C_d + C_p + D)$，而原告的预期净收益等于 $P_p D - (C_p + C_d) \times (1 - P_p)$。假设被告与原告的诉讼成本都是 1 000 元，$P_d$ 与 P_p 分别为 40% 与 50%，预期的判决额是 10 000 元，通过计算可以得出原告的预期收益与被告的预期成本分别为 4 000 元与 4 800 元，这时被告的预期成本比原告的预期收益更大，所以有和解机会。

上述测算说明和解受当事人的预期胜诉率和诉讼成本两大因素影响。越多的合作剩余，越高的诉讼成本，说明存在越大的和解余地；但越高的预期胜诉率，就会使得和解空间越小。

二、当事人讨价还价的能力

前面我们讲到合作剩余会对和解造成影响，但最终和解能否实现关键在于当事人在分配合作剩余时能否合意，而当事人的讨价还价能力会对合作剩余的分配造成一定影响。但由于诉讼过程拖延的时间比较长，如果当事人迫切想要得到赔偿，那么即便和解的实际收益比预想稍少也会更愿进行和解。另外，分配的合作

---

① 余明桂、夏新平、邹振松：《管理者过度自信与企业激进负债行为》，载《管理世界》2006 年第 8 期。

剩余会伴随谈判阶段的深入而逐渐减少。鉴于此，当事人一般更愿在首轮谈判中达成和解。但能否达成和解，何时和解主要受当事人对收益分析的影响，而这一分析主要以双方当事人所掌握的信息为依据。

三、案件的相关信息

在分析当事人的讨价还价能力时，人们很少会对信息的影响进行具体分析。其实谈判初期关于对方的情况，譬如被告应负的责任，原告损失情况等人们都不是特别了解。这就有可能会影响到双方对彼此成本和收益的正确估计，从而影响到正确判断合作剩余。在信息不对称时，还有可能导致负值诉讼的原告和解的现象出现。

被告因对原告的情况不了解，但出于其自身利益的考虑，通常会提出一个数额较低的和解额，而这也往往是诉讼出现的一大原因。显然，该结果之所以出现的主要原因不仅包括诉讼成本，还包括信息不对称。信息不对称的问题该如何解决？在笔者看来，首先加强当事人披露的意愿，其次设计相关诉讼制度强制或者激励当事人进行披露。

应当引起重视的是，模型假设的信息都是一些影响较大的信息，不仅涵盖当事人相关信息，也涵盖之前判决传递的规范信息与案件有关法律信息等。理性的当事人选择纠纷解决方式的过程其实就是处理其所掌握信息的过程，当事人掌握的信息越多，越有利于其做出正确选择。对于当事人来讲，上述信息所产生的影响都是极为重要的，尤其是"当事人自身的信息"和"之前判决传递出来的信息"。这一重要影响不管是经验分析还是实证调查都得到了论证。由前文分析可知，裁判信息作用于当事人诉讼选择方面的影响，不仅可以影响到当事人的胜诉预期，还能降低当事人在预期上的差异，这对于和解的实现是有一定促进作用的。

综上所述，信息与诉讼成本是决定当事人是否会进行诉讼的关键因素。而诉讼成本又会受法院对审批成本的转嫁与控制、当事人自身两方面影响。而对诉讼选择造成影响的信息也可总结为两点：其一为案件事实的信息；其二为法律及先前判决信息。第一类信息的获取一般是在有效的证据交换与当事人的资源交换中实现的；第二类信息则要靠法院通过判决来传递。

第五章

民事司法成本控制的
路径优化：多元分担

　　最高人民法院院长周强在 2018 年最高人民法院工作报告中指出，新时期法院应致力于使公众从每一个诉讼案件中体会到公正，坚持司法为民，切实维护人民群众的合法权益。① 司法成本不仅是国家、当事人和市场间的合作与博弈，也体现正义分配的原则，要想合理化控制民事司法成本，就要从全局角度分解民事司法成本的控制问题，避免陷入诉讼费用的部分限制里。本书将司法成本的分担分为三个层次。第一个层次致力于在国家层面和当事人层面找到平衡点，其前提是要厘清公共成本与私人成本的界限。第二个层次则是在诉讼当事人之间的分配，不但要给分担诉讼成本的各部分提供公正的目标，还应保证成本是可控可调节的，从而推动改善司法制度。第三个层次的成本分担，是要发挥法律服务市场及社会组织在诉讼成本分担上的作用，其成效取决于职业伦理建设及法律规制。

　　在进行新一轮的司法改革研究和探索时，中心任务被一致认为是对司法机构和司法制度进行变革，而司法成本却被忽略不计。然而，不管是在法学角度或是经济学角度来看，因为诉讼费

---

① 《周强：努力让人民群众在每一个司法案件中感受到公平正义》，中国法院网，https://www.chinacourt.org/article/detail/2018/03/id/3225077.shtml。

用不合理而造成司法成本分配失衡的问题，一直都是影响司法进步的重要因素——不管审判如何高效地获得正义，一旦支出的经济和时间精力成本过高，人们往往只能放弃权利救济的司法途径①。因此，可以说，司法成本控制的重要性毋庸置疑，它对于公平正义的实现意义非凡，也是司法机构、当事人和市场三者的关系体现。司法体系的正常运作离不开成本机制，司法机构、当事人和市场及社会之间是高度链接的，只有机制合理，才能推动民事司法有效运作。此处的民事司法成本主要是指货币支出，包括国家财政对司法机构的财政拨款、当事人的个人支出和社会运作成本，其中也囊括了司法救济和法律援助。司法成本支出的多少往往决定着当事人是否寻求司法途径解决纠纷，如果司法成本支出过高，则可能造成当事人无力负担经济压力而放弃司法救助，从而导致社会秩序失衡。从消费心理学的角度来看，即在案件诉讼中，当事人负担的费用越高，其对诉讼费用支出就越谨慎，通过司法途径解决纠纷的动力就越小；相反地，假设他们需要负担的费用越少，那么其通过司法途径解决纠纷的动力就越大。所以，从社会整体角度看，如果在民事司法成本支出是限定的、案件审判程序固定的前提下，假设个体当事人能够将其费用负担转移给第三方以减轻压力，司法会更具发展性，合法权益得到保障的受众面也将更广，社会公正得到维护的可能性就更高。司法成本在政府、个人、社会与市场之间合理分散并最终实现，在学理上被称为司法成本分担或司法成本转嫁。对于中国而言，司法成本的分担将影响在中国这样一个人口众多的国家怎样合理配置司法资源，使公平正义成为任何一起司法案件中的前置条件。这是一项十分有难度的任务，司法机构出于解决社会问题和完善法治等考虑，应承担审判成本；诉讼当事人则因为关系到自

---

① 棚濑孝雄：《纠纷的解决与审判制度》，王亚新译，中国政法大学出版社2004年版，第267页。

身的切身利益，必须负担自己的部分成本；如果一部分当事人无力承担超出负荷的司法成本，可以考虑通过合理合法途径转移部分成本给除诉讼双方之外的其他方，从而降低成本和诉讼风险，这也不失为一种解决途径。

第一节　国家与当事人的成本分担

民事诉讼要耗费相当多的劳动力和资本（资金），这种消耗必须用货币进行结算，这些包含但不仅限于法院费用、律师费用、证据调查费用等，这些费用项目繁杂、数额巨大，且难以一一列举。这些费用的问题分为两个方面，一是怎样进行统计，另一个是由哪一方进行支付。对于法院而言，进行民事诉讼所消耗的资源归属公共成本，这其中包含为建设民事诉讼司法系统所需的金钱、物资和人力等①。相应的，民事案件纠纷当事人自掏腰包的部分，就属于私人成本，这其中包含其为争取自己的合法权益付出的金钱等耗费。只要这些耗费得到法律认可，就可以归于民事诉讼费用。民事司法程序在短时间内是不会发生变化的，因此如何分配司法成本将影响司法机构和当事人承担的成本份额，而这其中的关键在于怎样平衡双方的负担，进而找到分配方案的最优解。可以从两个方面进行考虑：一方面考虑到司法体系建设成本过高，从而将司法机构所应承担的部分转嫁给当事人，也就是"审判成本诉讼化"；另一个方面是司法机构最大程度承担公共成本，把当事人的私人成本负担变为审判成本，也就是"诉讼成本审判化"。

---

① 傅郁林：《诉讼费用的性质与诉讼成本的承担》，引自北京大学法学院北大法律评论编委会：《北大法律评论》第 4 卷第 1 辑，法律出版社 2001 年版，第 239 页。

一、诉讼成本审判化

在法治国家，人民有权通过法律解决民事纠纷。所以，司法系统的存在是必须的，而且维持司法系统运作的人力成本和硬件、软件等设施的成本都应有公共资金支付。也就是说，国家财政需要承担全部的司法体系运作产生的费用。过去的二十年里，避免法院在诉讼审判中掺杂自身的经济利益，是改革我国司法体系的一个侧重点。1999 年，《人民法院诉讼费用管理办法》颁布施行，其中提出了"收支明确分开"的原则；2009 年，《人民法院第三个五年改革纲要（2009～2013）》中也指出，要建立"责任明确，负担分类，收支脱钩，全额保障"的资金运作体制，这些都是司法机构在着力解决公共成本与私人成本分开的问题。不过，这个问题复杂且由来已久，要想彻底解决仍需要更多的技术革新和制度改革。在民事案件中，公法和私法之间、司法机构和当事人之间权责错综复杂，甄别哪些活动该由国家付费还是当事人付费才能使得社会利益最大化是必须的，也是需要更多投入的。

但是需要明确的是，保护当事人的合法权益，维护公平正义是民事司法成本分配的基本宗旨。第一点要明确的就是，在司法体系中，民事诉讼以当事人的权利保护为目的，这意味着当事人是受益方，他们占用了国家司法资源实现个人的利益诉求，应当在相应程度上作出补充。此外，司法系统负有维护法治公正的职能，除当事人外，司法机构本身也会有民事审判，从而形成司法产品，作为公共示范，以维护公序良俗。也就是说，司法机构乃至国家自身，是除民事案件当事人之外的民事审判受益者，因此有需要付出相应成本。对于双方在成本中应如何分配，则要看诉讼案件的具体情况。相对来看，西方国家的司法机构更多地参与到社会秩序维护中，承担了更多的法律发展和维护职能。举例而言，在美国，联邦政府和各州政府承担了司法成本的主要部分，民事案件当事人只需要付出不到司法机构成本2%的费用就可进行诉讼，可谓是象征性地缴费。相应地，将制定法当作司法依据的大陆法系国家，民事案件当事人成为诉讼中的主要受益者，因此就需要负担大部分的公共成本①。在欧盟国家中，大部分国家的民事诉讼费用都比较高，只有较少国家例外，如法国。由此可见，想要让司法机构承担更多的公共职能，公共成本的比例就要上升，更多地转化为由国家负担的审判成本。越来越多的现代福利国家正在进行这一改变。尤其是当"均一性"和"普享性"两个原则开始在现代司法体系中流行，它们旨在提出，当事人应受到无差别的待遇，每一个当事人都应该能够通过低廉的成本进行民事诉讼，至少不受到经济方面的制约，而如果实在无力负担，则司法机构应更进一步为其提供相应的公共服务，减少人们无法获得法律保护的可能性②。

就保护当事人合法权益而言，国家也负有满足当事人申请通过司法途径解决纠纷的需求、维护自身合法利益的职责③。《中华人民共和国民事诉讼法》（以下简称《民事诉讼法》）的第六条规定，"民事案件的审判权由人民法院行使"，也就是说，像教育、医疗、就业和养老等基础民生需求一样，使用司法途径解决纠纷也是人民的基本需求，能使其更有幸福感。2007年以来，我国司法系统改革成效明显，普通案件的诉讼成本有效降低，部分使行使诉讼权受限的经济限制已去除，也得到了其他国家的认可。诚然，也许只有将诉讼成本降到最低甚至是零成本，即全部诉讼费用由司法机构承担，才有可能真正实现社会和谐、普天同

①　廖永安：《民事诉讼理论探索与程序整合》，中国法制出版社2005年版，第205页。

②　见《诉讼费用交纳办法》第45条。

③　［意］莫诺·卡佩莱蒂：《比较法视野中的司法程序》，徐昕、王奕译，清华大学出版社2005年版，第330页。

庆；但如此一来，相应的公共资源浪费和财政赤字似乎也不可避免，长久并不利于财政合理收支，容易出现法国司法的情况，到那时，司法免费就只是一句空话了。举例而言，民事诉讼当事人如果是个人，则可免费诉讼，而法人则仍需承担高额费用；法院不承担成本，而聘请律师的花费仍需个人承担等。

在考虑司法成本分配时，要考虑诸多条件，如历史、经济和社会发展等，总体来看，我国目前仍处于社会主义初级阶段，还不具备实行司法免费的社会基础。但是，国家依旧需要在公共成本负担这个部分有明确的权责划分，这是民事司法体系的公共属性赋予的职能。举例而言，因履行国家司法责任而发生的诉讼活动和费用都应归于公共财政支出，非讼案件和公益诉讼则可免受费用。因履行国家司法责任而提起的诉讼，其审理对象是无争议的权利保全，就目前的法律政策而言，需要快速判决，也无须判别胜诉和败诉双方；而非讼案件和公益诉讼都是从维护公共权益而非个人私利出发的案件，也就无须向当事人收费。另外，从国家承担公共职能角度和诉讼中具备自我归责的原则而言，司法机构依据自身行使职权需要而进行的活动如传唤证人、指定鉴证人、延请专人等，产生的费用都应归于公共成本。

二、审判成本诉讼化

与之相反，把原本应由国家承担的部分审判成本转移给当事人，使得国家所承担的部分达到尽可能低的程度，就是审判成本诉讼化。我国《诉讼费用交纳办法》的第六条规定，诉讼案件的受理费用和申请费都由当事人缴纳，这就是审判成本诉讼化的表现。有人将之形容为，当事人缴纳这笔费用以作为其能够进入司法机构的入场券。而实际上，这应该是当事人向国家提供的司法服务支付的相应费用。这种费用分配的方式普遍存在于各国的司法体系中，通过当事人付费来分担一部分的审判成本。其中，苏格兰的做法较为特别。在苏格兰，当事人进行诉讼时，要承担绝大部分的成本，他们支付的诉讼费用涵盖了司法机构运行成本的八九成，这对司法机构的财政情况大有益处。这种做法有一定的合理性，因为在司法体系中，大部分民事案件的当事人自己通过诉讼获益，那么参与其中又不受益的司法机构乃至国家就不可能毫无条件地付出成本，这是显而易见的道理。那么这个矛盾的关键则是，应该用什么来衡量一个明确的司法收费方式？答案也很明显。首先，衡量的尺度应该由司法机构与当事人之间承担的成本比例、从中获得权益的难易程度来决定。关于分配成本，相较于个体而言，国家应该承担更多的责任，这是国家的公共属性赋予的，它负有促进公民生存发展、保障公民医疗健康、建设更加幸福和可持续生活的责任与义务，在其可承受的范围内，国家自然应该负担相应的司法成本。其次，在将审判成本转移给当事人时，应考虑其承受能力，转移程度应在其可接受范围内。假设司法收费超出大部分人的承受范围，就会发生由于经济条件限制当事人通过司法途径解决纠纷的事情，这对于司法发挥维护法制公平等作用是不利的。而如果司法收费低于一个限度，则司法体系在运作中产生的成本就需要从其他地方补足，从而维持其正常运转，也就要考虑从司法机构如法院等收费，以促进司法体系健康、可持续发展。

在如何分配的问题上，可以将审判成本分为免费型和全部成本同收型，前者意味着当事人可以几乎免费入场进行司法诉讼，后者则意味着当事人要承担所有的审判成本。免费型的代表性国家有法国和瑞典，其国家公民可免收费用提起民事诉讼；在实行英美法的国家，也收取较低的费用，只作为象征性的审判费用。这与他们的诉讼模式密不可分，在这些国家，当事人会通过聘请律师来收集证据，厘清案件，由他们的律师在不断地交换信息和辩护过程中来发现案件真相。也就是说，在这种模式下，司法机构及其工作人员需要做的工作并不多，相应的成本付出也就相对的少，从而降低司法收费，这种制度使得普通百姓何以很容易寻求司法支持。相比较而言，在大陆法系国家司法收费的模式更加"商业化"，市场成为主导诉讼资源分配的角色。在此种模式下，民事司法即使仍然具有公共属性，却更多地受到其资源的供需关系影响，司法收费则很自然地被用作平衡资源分配的度量工具，目的是在案件终结时收回所有的成本。这么做很容易被指责——超出大部分人承受限度的司法费用可能阻碍人们寻求司法帮助，也使得公正变得虚无缥缈。那么反之呢？减少司法收费是否能够最大程度维护公平？有研究发现，虽然民事司法是社会生活中必需的一项服务，不可能完全采用市场经济规律来运作①；但市场供需关系及其价格平衡确实是成本比例分配时的必要考虑因素，只有通过合理的价格工具筛选，才能使真正需要通过司法途径解决的严重案件进入司法机构，从而有效维持司法成本支出的平衡。

就目前的"司法入场费"定价来看，我国明显是全部成本收回型或市场导向型模式。但经过这么多年的改革开放，我国的经济条件已基本能够支持司法收费向福利型模式转变。四十多年来，我国的经济得到了飞跃式的发展，国家财政有条件将更多的支出向司法体系倾斜，目前各层级政府在拨款时正以与国民生产总值和国家财政首府增幅相当的速度在逐年增加，达到了7% ~ 13%。这种程度的财政拨款，能够有效保障司法机构运行，从而渐渐减少对司法收费的依赖；这也将改善将诉讼费用不用作相应案件审理，却用以供养法院的情况。除此之外，把司法收费归于国家逐步增加的福利里面是十分必要的，这有利于增加司法发展的有利辐射面，扩大免费审理的范围，优化司法资源配置，实现司法体系供给侧改革。举例而言，在劳动争议这一类案件上，各国都已经几乎取消对诉讼提请人的收费；在土耳其和巴西，群体

---

① ［英］皮特·纽曼主编：《新帕尔格雷夫法经济学大辞典》第1卷，明月等译，法律出版社2003年版，第601页。

消费案件的收费也已经被取消。相比较而言，我国仍对每件劳动争议案件收取 10 元费用，可以说是形同虚设。相同情况的包括小额经济纠纷、离婚案件和消费案件等也可以进行改革，增加福利比例。

三、成本分担的限度

要想改革司法收费，就要先改革法院预算制度。我国将司法收费改为收支分离改变了司法机构通过收取诉讼费用集资的方式，但改革还需更加深入。因为司法机构的财政支持仍然来自拨款，这个本质仍未变，只是之前是向当事人收费，现在将这种财政压力转嫁给了当地财政部门，这在新一轮司法体制改革前甚至直接影响到了司法独立性，新的司法改革将财物由省级统管，对司法独立性的确立有很大助益。财政部门通过预算拨款，这笔款项经过第三方转手返回司法机构，其实仍然是诉讼费用。一些司法机构收费仍然存在很强的商业气息，在审判成本之外收取费用的情况仍旧存在。从根本上来看，诉讼费用应当是归属于案件审理本身的，也仅仅应当用作审理民事案件时产生的资源消耗的补充，因为其是打着税费旗号收集的，自然应如此分配；更应该分清诉讼费用与公共资金的区别，法院的日常运作应从普通纳税人那里筹集。审判成本诉讼化要合理，就需要从立法上进行改革，明确哪些项目是可以收费的及其衡量尺度，力求实事求是地反映案件审理成本。目前来看，难以厘清诉讼收费项目，案件相关流程的收费标准不确定，无法与实际审理过程关联等都影响到了审判成本诉讼化的合理实现，甚至存在过度收费的情况，如一些商事案件。相较于一些发达国家，我国仍处于社会主义初级阶段，国民可支配收入和社会经济水平尚不能满足大部分人都能支付得起案件诉讼费用，对于法人来说，情况也是一样甚至压力更重。就此，方流芳教授指出，通过向当事人收取费用从而补偿自身财政支出漏洞的做法，是不合理地将国家应付的公共成本转嫁给了当事人，造成的后果不但导致当事人无力负担高额诉讼成本，更有可能损害司法公正①。要想改善这种收费与成本脱钩的现象，可以考虑遵循以下几个原则：

首先，符合实际耗费原则。表面上，出于司法严密性考量，财产案件标的额越高，其就需要更加严谨而复杂的审判过程，需要的司法支出貌似就越高，相应的，诉讼费用收取就应更高。然而现实是，案件标的额度多少和案件审判需要的资源付出多少并不存在关联；而且，因为我国的诉讼收费并未设定限度，这就使得一些大中型商事案件收取过高的诉讼费用，甚至收取超过百万元、千万元的案件也层出不穷。可以说，这相当于向当事人收取高额费用以达到补贴司法财政支出，从而完成案件审理，这种程度的高收费，远远超过了同为亚洲国家的韩国和日本。更进一步来看，这很有可能导致参与诉讼的法人因承担了过高的费用压力，而降低自身的市场竞争力。就此而言，我们可以参考德国的做法。在德国，法律根据案件标的额设置一个基础费用，然后根据一定的比例进行调整，同时有一个限度，从而根除了漫天要价的收费情况。要使收费合理化，前提是要将收费项目细分。在审理过程中，可能产生的费用可以包括案件受理、申请诉讼、文件传输产生的消耗和证据厘清等，可以在案件标的额的基础上根据一定的条件上下浮动，当然，是在一定范围内。此外，对于当事人而言，也可以根据他们为案件审理的不同付出作出相应的规定，例如文件传送、证据调查和因此产生的交通、误工损耗等，这个部分不包含在案件受理和申请费用中。

其次，计算方法优化原则。就世界各国的情况来看，衡量诉讼收费有两种方式：一个是将诉讼标的额作为基础，我国像其他大多数国家一样都选择用这种方式。衡量的方式往往是：法院收

---

① 方流芳：《民事诉讼收费考》，载《中国社会科学》1999 年第 3 期。

费＝标的额的基础数字×规费费率。这种衡量方式有一个前提，就是一个案件越复杂，它所需要投入的诉讼成本就越高，于是诉讼标的额越高的案件，其需要的成本就相应更高。关键在于，这个前提在逻辑上有问题，现实情况通常是，标的额低的案件需要投入的审理成本不一定就少，反之标的额多的案件也不一定就消耗了更高的司法成本。另一个衡量方式是将审理时间作为单位，按时间不同进行收费，这样其实能更好地反映实际消耗。举例而言，在挪威就实行这种方式。挪威的法院预先定好了一个衡量单位（R，每一个 R 代表 860 挪威克朗，大约等于 110 欧元），一天的审理时间产生的消耗是 5 R，之后审理时间每延长一天就增加 3 R 的费用，审理时间在 5 天以上的案件，按照每天 4 R 的费用计算，案件受理或者申请被接受审理的费用是 24 R①。相较而言，通过单位时间进行费用衡量的方式显然更加正当，也更好地反映了审理中不同过程的司法活动需要消耗的成本，相信也更能为当事人乃至社会接纳。

最后，程序正义及程序保障原则。只有经过评定步骤和异议步骤之后的诉讼费用才能算是合理的，这在建设司法成本分配制度时也是必需的。虽然我们不可能对诉讼费用有一个精确的计算，但我们必须在能力范围内使诉讼费用尽可能地反映案件本身及其审理过程产生的成本。横向比较而言，大部分相关法律均包含评定、裁判与核算诉讼费用程序，这项工作大多由书记官进行落实。如果将来修订《诉讼费用交纳办法》，应该考虑将对应的评议步骤写入附件。具体可包含以下内容：审理过程结束时，法院可根据职责权利在裁判文书中明确写入该次案件在此次审理中产生的所有诉讼费用；如果有二次审理，则负责该次审理的法院可在进行变更裁判时，对相应的费用也作出变更。同时，明确这

---

① Alan Uzelac. *Goals of Civil Justice and Civil Procedure in Contemporary Judicial Systems* [M]. Cham：Springer International Publishing，2014：120，267.

部分费用只包括司法机构运作产生的费用（当事人与法院共同承担），不包括当事人自身获益所需要的支出；费用在裁判生效之后即具备执行力，但当事人如果有不同意见，则可以申请复议或救济，以为其提供必要的经济条件保障。

第二节　当事人之间的成本分担

为诉讼费用设定分配机制只厘清了司法机构和当事人谁应该承担哪个部分的成本问题，适当处理好了合理配置司法资源与维护公正的问题。不过要想彻底处理好这个问题，还需要解决当事人之间司法成本分配的问题，也就是说，司法成本需要再一次进行转化，让司法成本（包括司法机构和当事人双方的支出）可以在当事人中变动。

一、目的性价值

有许多方式可以解决让司法成本在当事人之间合理变动的问题，比较常见的有由败诉方承担、由有过错者承担、由原告承担和双方一起承担等。面对这个问题，英美两国的法律体系虽然相似，但却做出了不一样的选择：在英国，案件诉讼中失败的一方承担全部的成本支出，即存在成本变动的情况；但在美国，无论胜败与否，案件诉讼双方都要负担自身所需要的支出，这部分费用主要是聘请律师产生的，即成本并不产生变动。在大多数情况下，案件宣判时会将民事诉讼费用当作其中的一个附属项，诉讼费用承担的结果将与主要判决保持统一，因为诉讼费用的分配常常遵循正义，对这种正义的遵从最具示范效果的判决就是由败诉方承担诉讼费用。相同的判决方式几乎是全世界民事司法体系的主要基调，特别是在大陆法系国家。这种方式的特点包括：首先，依据败诉方承担全部案件审理成本的费用变动原则。在此原则指导下，诉讼费用由谁承担与裁判文书如影相随，只要在案件诉讼中获得胜利，则意味着胜诉方不用承担任何费用，这无关于原告是否预先支出申请成本、支出人力成本等，只与原告的诉讼请求是否合理合法，并获得法律裁决的支持相关。其次，虽然在第一个原则的指导下，诉讼失败一方要承担全部费用，但其所负有的成本支出会有一个限度，往往包含通过司法机构评定的司法机构支出和当事人个人支出。很多情况下，法律会规定当事人支出还包括正当必须的聘请律师产生的费用；即使在一些国家没有立法规定这一项，往往也支持法院在判决时针对案件作出相应的费用变动裁决。我国就存在这种情况，就此而言，日本和美国的做法与我国类似①。

判定由诉讼失败一方承担成本支出是围绕实体权利进行的，就是为了能建立公平的诉讼分担方式。这种方式有三个优点：首先，这有效地保证了人们通过司法途径解决纠纷权利。因为只要诉讼理由正当、合理，那么你享有的司法权利就是零成本的，即意味着你能够摆脱经济和精神负担提起或者回应案件诉讼。这在制度经济学中也是合理的，因为明确的、量化的支出成本分配机制可以有效降低人们维护权益的成本，使其更加积极地解决问题及维权。其次，由案件诉讼失败一方承担成本支出的原则具有较高的可预测性，案件诉讼双方都能够凭借这一原则进行合理正当的辩诉：站在原告的角度来看，假设其提起诉讼的理由并不十分充分，那么失败的可能性过高从而导致的高额诉讼费用则会降低其使用司法途径解决纠纷的可能性；站在被告的角度，同样的失败概率也会让其认真考虑辩诉的危险性，从而更快地解决纠纷。再次，由案件诉讼失败一方承担成本支出的

①　[日] 田中英夫·竹内昭夫：《私人在法实现中的作用》，李薇译，法律出版社 2006 年版，第 19~20 页。

原则能够过滤掉不少不适用于法律的申诉请求，因为一旦诉讼失败，提起诉讼的一方就需要承担原告和被告双方的成本支出，这是双倍的代价，很显然能够对提起诉讼的原告一方起到警告作用，更进一步制止鲁莽提起诉讼甚至是虚假诉讼和诈骗等不法活动。

不过，由案件诉讼失败一方承担成本支出的原则所能发挥的好处是有限的。第一，从根本上而言，设置这种机制的初衷，是有一个理想社会作为前提的，在类似乌托邦的设想中，任何可能产生的微小的纠纷都能很快地被解决从而不伤及任何一方的合法利益。可惜的是，事物总有两面性：这种机制的设定意味着你既有可能获得诉讼胜利，从而零成本维权；但反过来你也很可能在辩诉中失败，那么将面临高额的成本支出。第二，由案件诉讼失败一方承担成本支出的原则其实是结果导向的，司法机构、案件当事人双方都无法判断案件诉讼的结果，这自然带来了最终权益判别的不可预知性。特别是社会发展至今，许多案件存在错综反复的线索和证据，参与诉讼的任何一方都无法预知案件的胜败，甚至可能因为各种原因而发生有理反倒失去案件胜利的状况，由此，任何一方在提起诉讼申请时都会因为败诉的可能性更加慎重对待，这一定程度上可能阻碍公民通过司法途径解决纠纷。此外，原始案件中并不存在明确的侵害方和利益受损方，当事人双方的权利和义务的界定是在审理过程中逐步进行判别评定的，且这种判定只是暂存的。例如，在专利案件中，审理过程需要时间，但同时一方对另一方的权利侵害正同时进行，如何控制时间并最大可能维护正当一方的权益是一项艰难的任务，法律制度及其设置、权利分配和运行机制乃至大的背景环境等都有可能对其产生影响。结果的不可估计，很可能导致当事人鲁莽行事，从而使其陷入无法抉择、迷茫的困境。第三，由案件诉讼失败一方承担成本支出的原则相当于变相激发了部分自认为稳操胜券的当事人提起诉讼的冲动，使其盲目乐观，也给司法维权被动增加了一层博弈滤镜，这些"赌徒"可能会选择性忘记如果诉讼失败需要承担的后果，随着他们不断增加"筹码"，造成被该原则威慑住的其他当事人退场可能性变高①。

单纯地把诉讼费用的计算按照某一项原则或者方式进行，似乎太过草率。虽然由案件诉讼失败一方承担成本支出的原则是为了反映公正，但假设司法成本分配只纳入单一目标和结局公正考量，则极有可能造成整体公正和个体公正的矛盾。举例而言，在公益诉讼中，原告提起诉讼的理由也许是正当合理的，但其面对被告强大复杂的背景而失去案件胜利，那么由其承担案件成本支出就背离了实际意义上的公正。此外，成本支出分配更应该考量案件现实情况，假设一个案件的双方贫富差距巨大，那么法官在作出裁决时就要适当调整费用分担，让双方当事人按照自身经济实力以承担不同额度的费用。综上，在衡量诉讼费用分配时应考虑到整体与个体的差异以及个体之间的差异，从而形成可调节可缓和的分配机制，最大程度地维护人民群众的合法权利。

我国法律从实体和诉讼法两个方面都反映了民事案件中当事人成本支出变动的合理性。从实体法来看，我国著作权法、商标法和反不正当竞争法中都有具体条例规定，用于阐述在一些特别案件中产生的律师聘请费用等，内容包含败诉一方应承担胜诉一方为维护权益所付出的正当成本，其中又包括聘请律师、交通往返产生的费用等。不过，如果维权一方并未聘请律师或者其律师并未收取费用则不包含此项。从民事诉讼法来看，在一些特殊案件中，当事人依据相关法规，向另一方要求赔偿相关成本指出。举例而言，《民事诉讼法》第一百零五条指出，如果在申请执行保护财产时造成另一方经济受损，那么当事人应该补偿对方损

①　［美］德博拉·L. 罗德：《为了司法/正义：法律职业改革》，张群等译，中国政法大学出版社 2009 年版，第 203 页。

失。这种法规不但能够维护当事人的权利，也能一定程度保障被执行人的合法权益，反映了公平公正的原则。

二、工具性价值

诉讼费用分配除了具有维护公正的作用，其作为调节成本分担的工具同样重要。作为工具，成本支出分配机制能够发挥杠杆作用，平衡司法资源分配，对当事人是否决定进行诉讼有指导意义。作为工具而言，成本分配机制就像一个阀门，可以有效调配当事人的机动决定，从而提升案件审理的效率和正义性。如果当事人决定不提请诉讼，那么司法成本支出就可以起到推动或抑制其决定使用其他方式来解决纠纷的作用，如推选中间人调节或仲裁等，有效降低了案件审理成本；如果当事人提请诉讼，那么就可将其作为催化当事人上诉、撤诉及和解的调节剂。综上，之所以将这项机制作为工具运用，就是"用最少的成本，实现正义的最大化"，进一步增加司法的边界效益。

（一）抑制滥诉或鼓励诉讼

美国实行的双方当事人各自承担自己支出，是最具有代表性的激励公民寻求司法途径解决纠纷完成社会治理的机制。当事人承担各自聘请律师及其他可能产生的支出，其前提是实体法中明确胜诉一方将获得大数额赔款及败诉一方须承担相应费用，这种情况下，当事人对于失败可能要冒的险是了如指掌的，往往能够在审理过程中对辩诉方案和支出比例进行调整。所以，像这样自负盈亏的成本分担原则从某种程度上是积极引导人们通过司法途径解决纠纷的，就算提请诉讼可能失败，但只要失败的概率不是百分之百，那么就可能支撑原告持续下去，因为只要胜诉，就可以把投入的成本转嫁给被告。但是，这种规则的施行有可能会导致滥讼，那么其就是不合适的，希腊、韩国和美国等已经见证过一些消极的影响。反之，像英国一样，让诉讼失败的一方承担双方的所有司法成本支出，包含聘请律师的支出，就有可能打击滥讼，这样一方面能够鼓励经济状况较差的人寻求司法救济，另一方面也是在体现诉讼费用的工具性价值，实现其保护正当一方权益的目标。

在我国的相关法律规定和阐述中，同样能够找到不少通过成本支出分配作为调节工具发挥作用的地方，特别是在抑制滥讼方面，其中有：根据《诉讼费用交纳办法》的第三十四条和第三十五条，可以知道对于无须进行的诉讼，当事人就算在辩诉中获得胜利，也不能得到成本支出的补偿。此外，根据《最高人民法院关于适用〈中华人民共和国民事诉讼法〉的解释》第四百一十一条，其中规定如果当事人一方因为举证或者申请再审而无法有效推进审理程序的，则应该承担另一方在此期间支出的各项成本，包括食住行和工作等方面，司法机构在判决时可根据另一方当事人请求考虑。此条解释在于表明新的收费举措趋势，即诉讼任何一方不能随意利用诉讼获利或致使对方受损。此外，对各项成本的具体规定使得受损一方在提请补偿时能够明确相关成本并予以证明。

（二）鼓励调解（和解）

从诉讼案将当事人来看，假设司法成本支出太多却无法预测能够胜诉，那么选择其他方式以达到止损目的似乎无可避免。将司法成本支出当作促进双方和解的方式在国内外的民事案件中都比较常见。施行大陆法系的国家，往往一方面设置由案件诉讼失败一方承担成本支出的机制，另一方面又会在一些特别情况下通过成本支出分配机制的调整促使当事人同意和解。更甚者，法庭有可能通过判决支出成本如何分配以达成双方和解。这样的分配举措正符合部分当事人的内心活动：既然辩诉胜利的可能性不高，那么如果不必承担司法成本支出，何不试探着提起诉讼然后尽可能与另一方当事人寻求调解以解决纠纷呢？我国《诉讼费用交纳办法》第十五条提出，"以调解方式结案或者当事人申请撤诉的，减半交纳案件受理费"，其实就是在引导那些在审理过程中了解到自己无多少胜算的当事人，与其过多承担诉讼费用，能经过调解以达到降低费用，又何乐而不为呢？德国人是严谨的，他们在计算司法成本支出时也一样。根据法律规定，当事人聘请的律师在不同的审理过程中能够获得的报酬是不同的，案件申请被受理为第一阶段，律师可获得一倍系数报酬；进行到下一步即进入法庭准备审理时为第二阶段，律师费用翻倍；双方相互举证法庭庭审阶段则可给予律师三倍费用。可想而知，律师们会无休止地对峙下去，直到拿到三倍费用。因此，德国人重新指定了衡量方式，只要律师能促成当事人在案件进入法庭之前和解，就能够得到双倍的报酬，如此一来，不论是律师还是当事人都更愿意在审理过程初期进行调解，解决纠纷。

（三）加强案件管理

进入 21 世纪以来，欧美等西方国家也越来越无力承担日渐加重的司法成本负担，普遍存在诉讼案件过多而法官人力过少的矛盾，越来越多的案件无法得到及时解决。大环境如此，研究司法体系建设和实践其中的人们转而寻求司法成本工具的调节功能，以找到更多的司法资源补充。国家对于司法的财政支出几乎是稳定的，有时甚至会降低，那么可供选择的只剩下案件管理，找到一个逐步增强案件管理效率，提升管理效能的方式以减少生产公正的支出，使人们在寻求司法帮助时能有效而节约的方式。合理分配资源，从而有效利用诉讼费用，还可将其作为寻求更多庭外纠纷解决途径的替代性补助，反过来资助别的司法系统。多年来，我国的刑事司法和行政司法都有从民事司法收费中寻求补助的情况，从而维持整个司法体系的平衡。

（四）鼓励多用小额诉讼程序

在民事案件中，当事人往往需要承担远超过诉讼获胜的收益，这种情况在小额和中等数额案件中特别常见，所以，有必要降低小额诉讼案件的成本支出。针对这种情况，2013 年《民事诉讼法》重新颁布施行后，提出要有与小额诉讼相对应的成本支出分配机制；同时《诉讼费用交纳办法》第十六条也规定，符合相关条件的案件可以按照正常费用的一半收取费用，小额诉讼程序也属于此列，但应再降低其成本支出。之所以要这样做，就是为了促使更多人选择小额诉讼程序，同时以此来弥补小额诉讼纠纷当事人只能接受一审终审的结果，满足"通过某种补偿或再分配使一个社会的所有成员都处于一种平等的地位的愿望"①。除此之外，使用小额诉讼程序还有其他的一些优势，例如适当的人情关怀、收费优惠措施以及更高的效率等。

三、律师费用转移：目的性与工具性的交错

当事人支出的司法成本中包不包含聘请律师的花费，取决于采用何种民事诉讼代理制度。假设当事人可以代表自己应诉，则可略去聘请律师费用一项。相反，假设规定必须由律师代表当事人应诉，那么在审埋结束时就要在判决中评定此项支出，并指定其中一方承担费用，往往由诉讼失败一方承担。当然，聘请律师所产生的花费应该是正当的、必须的，才能纳入司法成本支出内，其基础是衡量方式的客观化，且有一个限度，并且双方在进入案件诉讼前就已经了解这种收费制度，明白不会因为审理过程

---

① ［美］约翰·罗尔斯：《正义论》，何怀宏等译，北京：中国社会科学出版社 1988 年版，"译者前言"，第 8 页。

中的其他因素而提高其费用①。

虽然司法成本支出中包含律师代理费依然被普遍认可，但也不乏反对的声音。其观点认为：聘请律师的花费是无法确定的，也没有有效的制度管理，极有可能造成不良后果。施行这种制度，当事人可能被迫持续投入司法成本。因此，虽然可以设置固定费率，法院也能够对其进行评定限制，但仍可能造成当事人的经济损失。所以，尽管案件诉讼失败一方承担对方律师费的方式可行，也有必要对其支出设立规定和范围。举例而言，可以在设置司法成本分配机制时作出相应的规定，败诉方承担的比例和数额都应是有限度的，以保证败诉方经济上的公平为标准，且需要考虑是否全额补偿胜诉方的律师费用等。

仅在我国来看，不把律师代理费纳入诉讼费用反映了其作为工具发挥的作用，相关法律中的规定也是相同的考量，如《民事诉讼法》和《诉讼费用交纳办法》等。当然，特例和调节也仍旧存在。从侵权责任的角度来看，案件诉讼胜利一方没能从败诉方那里获得律师花费的补偿，并不代表其失去了诉权。如在知识产权案件中，我国法律就规定了"滥用诉权的反赔"，在这种情况下，判决会让胜诉方充分使用诉权，通过追索对方侵害己方权益造成的损失，并将其转移至律师费用。在诉讼法规定中，民事保全中的被申请人也可以通过提起申请要求补偿其在对方滥用保全时遭受的损失。综上，我国与美国日本类似，不把律师代理费纳入诉讼收费，而是更希望将其作为调节诉讼的工具，虽然这种观念在相关政策制度中表现得并不明显，但长期以来，其在具体施行中为降低原告成本支出作出重要贡献，这很大程度上减轻了原告提起诉讼的心理负担。此外，诉讼费用的整体制度设置也包含司法博弈考量，法官对律师费用的监督同样代表其职业自律。

---

① 黄宣编译：《德国民事诉讼费用制度评述》，引自陈刚主编：《比较民事诉讼法》第8卷，中国法制出版社2007年版，第83页。

第三节　市场和社会分担司法成本

有人提出，之所以存在有些人无力承担提起诉讼的司法成本支出的情况，是由于司法资源的分配制度本身存在不合理之处，这就导致一部分人因为经济原因而无法通过司法途径解决纠纷，公正也自然寻求无路。假设赞同这样的看法，则需要从分配司法资源的市场本身寻求问题的答案。尤其是世界上大部分国家的财政分配都没可能再向司法机构倾斜，但其所需要的资源又一直在增加，且速度超过了国民生产总值的增速；于是从司法机构和诉讼提请人之间跳出来，转而将司法成本支出分配给第三方的做法在世界上是很普遍的，多数国家都看重市场在其中能够发挥的作用。如果将诉讼费用分配机制推向市场，那么最能从中受益的应该是中产阶级。这部分人群处在社会收入的中层，也因此他们很难获得在法律上的制度优势或者是针对经济贫困者的救济，几乎没有可能得到外界关于公正寻求的帮助①。在这种情况下，向市场和民间机构寻求分担司法成本支出的可能性，就能有效保障中产阶级提请诉讼的积极性。

一、向市场分散成本

（一）律师成本的分散

律师这份工作本身就处在市场经济体系中，聘请律师的费用及其在整个诉讼中扮演的角色都导致了司法成本支出上升。在大

---

① 陈刚主编：《自律型社会与正义的综合体系——小岛武司先生七十华诞纪念文集》，陈刚等译，中国法制出版社 2006 年版，第 115 页。

多数国家，律师都按照市场运行规则行事，其工作内容和提供的服务都具有商品属性，强调的是基于供需关系的竞争力而非公共属性①。因此，在市场经济环境下，律师的工作不再是公共服务，其商品属性自然而然地增加了诉讼当事人的费用。针对这个问题，假设可以从时间或者空间上对律师收费的组成部分进行分解，则当事人面对超出自身负担能力许多的律师收费所要承受的压力就要小得多。世界上大部分国家，通常会见到律师向当事人支出代理资金的情况，双方约定只有在诉讼获得胜利的情况下律师才有可能获得报酬，这等于是将败诉的一部分损失转嫁给了律师。从律师的角度来看，风险转移到自身不仅是合理的，更是求之不得的。因为就算当事人在没有付费的情况下使用了自己的服务，但只要能够获得案件诉讼的胜利，那么他就有可能获得事先预约好的报酬，甚至更高。像这样转移风险，从某种程度上使得经济有困难的当事人能够更容易地通过司法途径解决纠纷，律师在承担风险的同时，其实可能更加期待胜诉后获得的高额报酬。这种风险分担机制在我国也已普遍可见。2006年，国家发展改革委员会和司法部联合颁布了《律师服务收费管理办法》，从法律上赋予了这种机制的合理性，这意味着我国也像英美等国家一样施行了这种风险分担机制。经过这些年的实践，可以发现该机制的确能够将司法成本支出的压力进行疏散，进一步满足当事人对律师服务的需求，同时提高了律师工作的收入。从当事人的角度来看，这是一种时间维度上的成本压力分担，也可以说是一种借贷，即当事人向律师预支了服务，约定在诉讼获胜、判决生效取得实际收益后再付出相应的成本。假设案件诉讼失败，当事人没有获得收益，那么其聘请的律师也无须支付报酬；从这个角度来看，当事人不会有除了判决赔偿以外的支出。从实际运用角度

① ［英］杰拉尔德·汉隆：《律师、国家与市场：职业主义再探》，程朝阳译，北京大学出版社2009年版，"英文版序"，第5页。

而言，大部分涉及财产纠纷的诉讼都可以选择这种成本分配机制，从而分散当事人的司法成本压力，但这种机制并不适合在刑事、行政以及涉及公共利益的案件中使用。尤其是面对复杂程度较高的案件时，参与诉讼的双方都可以选择这种方式，从而避免经济上的高风险。因为，就算要从胜诉蛋糕中给代理律师分一杯羹，也好过诉讼失败还要付给律师报酬。不过，任何事物都有其两面性，这种机制十分考验律师的职业道德和能力，如果律师一味地为了利益而不顾事实和当事人的实际需求，那么就有可能导致公共利益受损。风险是必然存在的，也是由市场经济规则决定的，举例而言，在离婚诉讼中，胜诉之后的高额报酬，可能促使律师在双方当事人调解上形成阻力。其实在非离婚案件中也一样，高额报酬的驱动反过来可能会使律师罔顾当事人利益和事实真相，用最短的时间促成双方和解以达到高效率完成工作，获得报酬。显然，这跟律师应该对当事人负责从而获得报酬的职业操守是相违背的。而且，只有当案件进入诉讼程序，律师才有可能获得工作机会从而取酬，这可能导致其鼓动当事人更多地使用司法途径解决纠纷，尤其是案件标的额较高时。基于这些影响来考虑，实行大陆法系的欧洲国家对这项机制采取保守态度，顾虑重重。就算是在这种机制较为流行的美国，也仍然对其保有理性考量，只要发现律师在案件中有违反职业道德损害案件公正性的做法，那么司法机构可以进行干预。不过，假设完全否决这项机制，就彻底失去了降低当事人司法成本支出的可能，也不利于律师整体行业的发展。要想规避这项机制可能带来的负面影响，那么提前设置一个限度，以消除其对某些社会政策的不利影响，不失为一种解决方案。也就是说，必须将一些类型的案件如公益类剔除出可用此种机制的范围。我国《律师收费管理办法》的第十一条明确提出，婚姻、继承类案件不可使用胜诉取酬的方式；涉及公共利益或者弱势群体如寻求社会保险待遇、最低生活保障待遇、救济金和工伤赔偿等的案件都不在其使用范围内。有了法律规范的前提，只要在司法审理过程和职业道德等方面对律师进行有效规范，如上面提到的美国那样，通过司法机构对律师进行监督检查，就有可能促使胜诉取酬机制在我国良性发展，取得更好的效果。

（二）诉讼费用保险

在现代社会，保险是另一项有效分担风险的方式之一。在澳大利亚、美国和欧洲，通过购买诉讼费用保险的方式来保障公民自身寻求司法途径解决纠纷的权利。丹麦的公民几乎全员都包含在这种保险制度和法律援助制度中，司法成本支出具有广泛的商业属性和社会性。需要这类保险的，恰恰就是中产阶级群体，因为他们的收入可能正好高出可以申请司法救济的标准，无法享受国家相关资源，但这不代表他们没有司法资源需求，保险能够保障他们在需要的时候有足够的经济能力负担诉讼。一开始，人们是在购买汽车保险的同时，被附送或者增加购买诉讼费用保险的。渐渐地，这类保险在许多需要通过司法途径解决的纠纷中得到有效应用（如医疗事故、产品过失纠纷等），诉讼费用就被单独作为一项保险品类而开发。它的运作机制是这样的：在风平浪静无须进入司法程序时，中产阶级可以用一部分闲钱购买保险，当需要通过司法途径解决纠纷时，保险就开始发挥作用，其发售机构将承担当事人的司法成本支出，其中包含聘请律师的费用。从作用角度来看，它和其他的保险一样，相当于一种储蓄或者投资，是个人将自己的财产暂时托管给保险公司，以应对将来有可能发生的司法成本支出。任何人都可以通过这种方式做好应对诉讼的准备。如此一来，诉讼费用被所有参加或购买该类保险的当事人共同分担了，区别在于一些人确实进入了司法诉讼程序，那么他将获得相应的成本支出，而后进入司法诉讼程序或未进入的投保人虽然共同承担成本，却并不需要支取其所属的部分。就此角度而言，诉讼保险既具有商业属性，又具备维护公共利益达到正义的公共属性。

保险行业随着社会发展而发展，其种类繁多，对应的风险事故也不同，需要投入的资金也有多少的差别，人们可以自由挑选。签订诉讼保险合同时，当事人还能进行不同的规划，如可以将其当作类似汽车保险的合同条款，也可单独签订；签订的时间可以是在诉讼发生的任意节点，自由度较高。不过不论采用哪种形式，诉讼费用保险最值得投资的原因在于其"胜诉保费"的原则，也就是说，假设没有这个保险，当事人就无法通过司法途径解决纠纷，获得公正判决。但是一旦这类保险存在，那么当事人就能够轻松地应对案件诉讼，而不必担心经济压力。此外，相较于律师获得诉讼胜利后再收费的方式，购买诉讼费用保险显然要便宜得多，也就更能减轻成本支出的压力。我国保险法的第六十六条规定结合司法解释，能够有效地保证当事人在投保后如果陷入纠纷，并且因为使第三方受损而需要聘请律师时，这部分费用由保险售出方负担。这是具有正当性的合理支出。相应地，诉讼保险也存在不利的影响，它很可能鼓励当事人通过诉讼获得不当利益，催生滥诉增加的可能。为此，法律必须在相应的部分指定政策以排除其反面影响，减少滥诉的倾向。总之，更多的改革措施可以把保险法作为前提，首先要更多地推广这种保险类型，促进其发挥成本风险分担作用；其次，同步推动规范其影响的制度建设。

二、向社会分散成本

诉讼资本应由当事人承担，这是一个众所周知的事实。但是，诉讼成本对有些当事人来说可能是一笔沉重的负担，甚至于是其进行诉讼的障碍，例如那些经济贫困的人和小型企业法人。国家有责任给那些无力承担诉讼成本的人以一定的财政救助，费用救济措施一般表现为法院角度的司法救助和当事人角度的法律援助。实际上，这笔财政救助不是一个小数目，世界上很多国家都存在司法救助和法律援助上的资源短缺问题。其实我国每年在法律援助上投入的财政资源都是不断增加的，但是我国法律援助的资源仍然处于短缺状态。究其原因，我国人口基数过大，法律援助的总量虽大，但平均到每个人身上就微不足道了，甚至不及发展中国家的平均水平。除了资金制约问题，法律援助面临的另一个问题就是质量差。当然，法律援助的质量问题不仅在我国存在，在其他国家也同样存在。原因也是一样的，律师缺乏激励作用，经验丰富的律师根本不愿实施法律援助。要解决这个问题，不仅需要国家履行相应的法律资源供给责任、财政责任和监管责任，还需要鼓励社会参与，吸纳社会资金进入诉讼，社会资金可通过诉讼外资金和诉讼信托进入诉讼。

（一）半官方的法律援助——诉讼外资金资助

诉讼外资金资助最早诞生在澳大利亚，然后就在西方发达国家传播开来。如今，讼外资金资助诉讼已经成为一项产业在澳大利亚和英国发展成熟。诉讼外资金资助是通过两种方式来实现成本分散的：一是由诉讼外第三方提供诉讼费用资助当事人诉讼；二是通过社会化的法律援助分担律师费用。诉讼外资金资助诉讼，实际上是一种互利的合作关系，原债权人起诉债务人时获得了第三方的资金支持，一旦胜诉，债权人将会和第三方分享胜诉成果，一次作为资助的回报。域外经验表明，这种成本分散的方法对"小额多量"的群体诉讼或大型侵权诉讼最为有效，因为这类诉讼往往是高成本、高收益的，在诉讼伊始第三方需要资助较高费用，但胜诉概率大，能带来较高的收益回报。

诉讼外资金资助诉讼在本质上与股权投资和胜诉酬金制度的运作方式是一致的。投资者事先和原告达成协议，一旦胜诉，投资者将会从胜诉成果中取得一定的收益；如果败诉，原告不需要支付诉讼费用，相当于第三方投资失败了。

　　诉讼外资金与传统的胜诉取酬的不同之处在于，投资者是独立的商业企业，而不是原告的律师。所以诉讼外资金具有更广泛的适用性，因为某些国家是反对律师直接从当事人的胜诉成果中取利的。对原告而言，诉讼外资金的资助给原告带来了显而易见的利益——他们既不必因为败诉而独自支付巨额诉讼成本，又能解决财力不足诉讼的问题。这对于那些经济能力差的个人，或者不愿承担高风险诉讼案件的小型企业来说，能够帮他们消除接近司法的某些障碍。

　　诉讼外资金资助诉讼是在国家诉讼援助不足的情况下，寻求社会资源，解决诉讼难题的必然结果。2008 年全球金融危机造成了世界范围内的经济紧缩现象，各国政府为了恢复经济，减少了司法领域的财政救助，民事司法领域的司法救助资金大幅缩减，英国、澳大利亚、比利时等国纷纷削减法律援助经费，导致法律援助的范围变窄，适用标准却提高了，由此引发"法律援助制度的社会危机"。在这种情况下，如何重新界定法律援助的含义、寻找司法福利的替代品等议题开始提上议程。

　　随后，法律援助的性质被重新定义，法律援助由国家强制性利益分配机制转变为律师或律师执业机构负担的一种"社会公共责任"。值得欣慰的是，这种半官方的组织所提供的法律援助更见成效，在分散诉讼成本上的效果也远胜于所谓官方的法律援助。这场司法领域的变革在欧洲经历了一百年的发展演变，德国、英国、法国相继进行改革，这些宣称自由主义的国家不愿承担法律援助的社会负担，因此都选择将无偿代理穷人的负担转移给律师或律师机构①。欧洲法律援助社会化的改革路径也影响到了美国和日本，他们强调律师的社会责任，把律师们免费或低价

---

　　① 莫诺·卡佩莱蒂：《比较法视野中的司法程序》，清华大学出版社 2005 年版，第 327 页。

向穷人提供法律援助当作承担市民责任。① 目前，在全球范围诉讼外非营利组织已经和司法公共服务结成伙伴关系，这是值得肯定的。

如今，半官方法律援助已经在世界各国形成体系。法律援助的供给者包括大学法学院法律诊所、律师协会、各种非政府组织等各个种类。② 半官方法律援助的作用与公共法律援助相当，但是援助的形式更加多样，包括提供法律意见、提供免费法庭代理等多种方式。在司法救济领域，社会基金也发挥了重要作用。基金会一般会资助贫穷当事人，让他们有钱进行诉讼，社会各界的一些捐赠是基金会的资助诉讼的资金来源，基金会存款的一些利息收入也是基金会资助诉讼的资金来源，基金会这种行为很好，对社会产生了好的影响，财政部门的资金负担不那么大了，企业也会受到影响，主动进来负担。诉讼外资金资助诉讼的方式也得到了我国政府的肯定，我国《工会法》第四十二条规定"工会经费主要用于为职工服务和工会活动"，此条款说明，工会费用可用于维护职工合法权益开展的法律服务和劳动争议调解工作，甚至还能提供诉讼费用。这样一来，这些半官方机构有效分散了贫困当事人的诉讼成本。

诉讼外资金资助诉讼虽然把成本分散了，但是风险还是存在的，它的成本分散、风险降低以及实践情况都是没有定论的。诉讼外资金资助诉讼是否将会被其他制度资源所取代，以及如何解决由信息不对称和权利不对称带来的监管难题，诉讼外资金资助诉讼的发展走向问题受到很多不确定性因素的影响。

我们必须明确的一点是，社会资源资助诉讼目前仍处于探索阶段，并未发展成熟，它只能作为分散诉讼成本的补充方法，寄

---

① ［日］森际康友编：《司法伦理》，于晓琪、沈军译，商务印书馆2010年版，第200页。

② Mathias Reimann. *Cost and Fee Allocation in Civil Procedure* ［M］. Springer, Dordrecht, 2011: 38.

希望于它能根本解决法律援助资源短缺问题是不切实际的。而且，社会资源资助目前也显露出一些缺点，社会资源资助的金钱总量是一定的，有时候就无法较好地监管诉讼过程，一些不良不合理的行为就会发生。基于很多问题，各国民事司法出台了各种规制措施。例如，把法院审查权大大提高，第三方如果有合理的理由进行资助诉讼，司法不反对就行等。

（二）诉讼信托

诉讼信托，顾名思义，本质上是一种信托，显然这种信托是诉讼中成立的，这种信托包括了受托人、诉讼人之间的基本委托关系，是一种分担诉讼风险和收益的关系，诉讼的人是委托人，受托人负责履行诉讼行为，受托人代表的是诉讼人身份、权利，但是要知道，受托人要承担诉讼的财务风险，同时，可以获取一定的信托利益，这样做是为了最高效率，实现共同的诉讼利益，而且还有一点很重要，受益人获得诉讼利益。从诉讼地位来看，受托人是适格当事人，即诉讼是以受托人的身份开始的，权利、义务都是不变的，委托人只能尊重、执行，委托人的意见是没有任何意义的。本质来看，委托人应该获得诉讼的收益，但委托人指定了特定的第三方受益人，所以，诉讼的收益给了受益人。

目前，各国立法没有统一诉讼信托的合法性，各国的看法很不相同。很多国家法律不支持诉讼[①]。由于当前诉讼资源短缺，有些国家不是那么严格，支持信托诉讼。但是值得注意的是，那些诉讼信托案如果涉及人身损害赔偿，一般还是受到很严格的限制，不能设立诉讼信托，这类案件职能由受害者本人提起诉讼，这是为了避免损害权利人的情感和名誉。

尽管我国《信托法》中有规定，设立信托可以，但是不能是为了实现诉讼，即信托要保障诉讼权利的正常使用，不能有欺

---

① 黄国昌：《民事诉讼法教室 I》，元照出版有限公司 2009 年版，第 126 页。

骗行为的发生，也不能利用这个信托来讨债。剔除不合规的信托，民事诉讼中可以设立其他的合法合规、资本分散化的诉讼信托，如诉讼担当信托，即在诉讼担当信托的合法的情况下，受托人诉讼算是当事人本人提出诉讼，就没有适格要求了①，还有公益诉讼信托，具体来说，对于损害社会公共利益的行为，例如破坏公共设施、侵害众多公民利益等，机关和有关组织可以向人民法院提起诉讼，这类公益诉讼信托是被法律鼓励的。

司法改革和诉讼过程中相关的问题，都会和司法成本有一定联系。这也就决定了在我国未来司法改革中最应该关注的是司法成本及它的分担机制。这虽然是作者出于研究后的个人建议，但究其内部机理，确实应是这样。司法成本分担包括多项环节涉及多个法律。其中，公法与私法、国家、社会和市场的关系、职业市场与法律职业伦理的关系等相互交错。由于制度本身的复杂性，需要我们探究其内在逻辑和运行机制。第一，要将司法成本和其分担中的具体因素探究明白。包含国家机构的相关职能以及人民法院存在的目的与合理性、国家和地方财政的支持，普通大众对司法成本的直观感受等多方面。第二，随着最近法制中国的建设，中国民事纠纷越来越多样化、诉讼程序也趋于复杂化的趋势，要把握趋势并且研究好司法分担中的相关要素。国内的诉讼成本也逐渐上涨甚至超过当事人的预期，《诉讼费用交纳办法》相关规定的费用并不能够充分涵盖。对于明确法院和当事人各自所承担的费用以及如何将诉讼费用实现转移，这都是需要我们逐步理清的。

民事司法不仅是解决普通百姓的司法纠纷，更是面向社会大众提供服务。合理并且科学的成本分担机制一定是不可缺少的。现代司法来讲，我们从国家、当事人和社会三个维度对司法成本进行了探讨，确定成本责任边界，逐步构建出科学合理的司法成

---

① 汤维建、刘静：《为谁诉讼何以信托》，载《现代法学》2007年第1期。

本分担机制。这不仅关系到司法的运转、社会的认可，更关系到法律职业的未来发展。本书认为应该刻不容缓地施行司法改革。可以从以下几点展开：首先，建立并完善符合我国国情并且具有时代特征的司法成本及其分担机制。具体操作为，将国家对法院的财政拨款和社会中当事人所需要承担的费用分离开来。国家可以利用相应社会和财政资源，减轻当事人的经济负担，将保障平等化，注重社会和谐。其次，将诉讼费用合理有效地实现转移。具体操作为，法院判决后由败诉方来支付相应的费用，也从一定层面上体现了司法正义。做好诉讼费用对国家诉讼资源的调节。再次，借助社会力量，开展多元法律援助途径。利用好诉讼保险以及信托等社会和市场资源，使经济困难无法支付的当事人也有平等实现司法的权利，并且加强职业规范。最后，从制度层面上，可以将诉讼收费和法律援助进行统筹整合，将司法成本分担上升到制度层面。诉讼费用制度也可以参照《中华人民共和国立法法》一样来制定法律。司法费用虽然由相关机关部门来负责征收，但与案件中的当事人密不可分。作者建议由国家人大立法机关来组织开展论证，统一协调司法救助、司法成本以及律师收费制度，完善相关法律。

通过改革来提升人民的获得感，民事司法制度可以作为实现法制中国的强大推手。《中共中央关于全面推进依法治国若干重大问题的决定》指出"坚决维护宪法法律权威，维护人民权益"[1]。我们有理由相信研究并落实好司法成本分担的内在机制，一定可以实现全面性的依法治国。

---

[1]　李娟：《坚决维护宪法法律权威》，载《南方日报》2015年1月17日第2版。

第六章

能动司法与民事司法成本
控制：契合与冲突

我国法院的工作使用了各种各样的工作思想，其中能动司法随着社会诉讼案件的不断发展越来越被重视。能动司法强调法院法官的主观能动性，进而最大程度地处理各种诉讼案件，把纠纷"大而化小"。能动司法是一种"投入产出"方式。能动司法约束了包括法院、法官等行为模式产出，同时也规范了司法的投入模式，特别是在很大程度上影响了民事司法的投入成本机制。但是同时，能动司法也可能会把民事诉讼的效率拉低。具体分析如下。

第一节　能动司法与民事司法成本控制的契合

王胜俊曾指出，能动司法不是被动的司法，而是有主观能动性，不是被动地服务，而是主动地服务于人民、服务于国家，不是低效率地服务经济社会发展，而是积极、高效率地服务经济社会发展①。不难发现，能动司法强调服务的人群和主体是人民，

---

① 《什么是能动司法？为什么要能动司法？》，载《光明日报》2010 年 5 月 13 日第 9 版。

认为服务要有很强的主动性，同时重视司法工作的效率性，不能低效化。从概念来说，能动司法是一种哲学实用主义、法律效率、投入产出等内容的集合概念，本质来说，能动司法是一种服务，能动司法是一种"投入产出"方式。能动司法约束了包括法院、法官等行为模式产出，同时也规范了司法的投入模式，特别是很大程度影响了民事司法的投入成本机制。

一、能动司法优化"投入—产出"机制

在传统司法中，法官是个被动的角色，投入诉讼的时间较少，花费的精力较少，而在能动司法中，与传统司法差异很大，法官是个非常主动、非常博学、非常专业、非常有亲和力的角色，投入诉讼的时间大大增多了，花费的精力也大大增加了，也就是说在诉讼个案中，法官会发挥自己的主观能动性，利用自身的专业化的法律知识，使用法律原则，亲自去司法事件的实地进行调查取证，主动与当事人进行面对面的沟通了解，能够最大限度地了解当事人的生活环境、性格习惯、脾气秉性，案件发生地的风俗习惯、伦理道德、社会状况等与诉讼相关的非直接性内容，把法律规范硬性要求和社会因素等软性情况综合一起都考虑起来，让诉讼个案得以较好地处理。与此同时，法官会给当事人解释相关的法律困惑，还会给当事人讲解法律程序应该如何走、整个诉讼过程是否存在风险、存在哪些风险、存在哪些有利的条件、可能出现的哪些结果、费用支出是多少等内容，可以最大限度地保障当事人的权利，进而促进纠纷可以快速、准确地解决掉，降低一些不必要的资源浪费，实现胜败皆服、案结事了的良好结果。此外，在能动司法中，法官往往还要有一定的社会组织能力，可以协调各种司法关系，这样，法官个人力量解决不了有些纠结，在恰当的时候，法官个人可以和当地的调解组织进行交流沟通，发挥共同力量以最小的代价来解决纠纷，最大程度上让

诉讼结果具有很强的实用性，让当事人能够接受处理结果，大大提高案件的满意度，大大优化法官审理案件的"投入—产出"机制，大大提高效率。

二、能动司法降低当事人诉讼支出

在能动司法下，法官的主动行动方便了当事人的诉讼，当事人花费在诉讼中的时间大大降低了，同时，当事人也在法官指导下，只花费必要的诉讼费用，不必要的费用得以大大压缩，这就减轻了当事人的经济负担，当事人的诉讼成本大大节约了。

一是能动司法下"送法下乡"常态化，法官的主动行动就方便了当事人的诉讼，当事人的诉讼成本大大节约了。法官的法律专业知识很系统化，而且通过下乡方式的实施，在当地进行审理，可以最大程度上最真实地了解当事人所处的生活环境、民俗习惯，当事人的情况能够真实反映，相关的证据可以准确地收集，当事人在本地就减少了来回的路费开支、诉讼中的不必要费用支出，极大降低了诉讼支出的成本，提高了诉讼效率。苏力曾指出，中国乡村往往实施熟人社会运行机制，区别城市的社会规则运行机制，这样的差异导致了法官下乡办案的出现，也让法官下乡办案实施得通、实施得好[①]。随着市场经济的不断发展，我国的城市经济得到了很大程度的发展，但是与此同时，中国农村社会的发展远远落后，市场运行机制并没有在中国农村社会建立起来，诸多问题频繁出现。在这种社会发展背景下，法官下乡办案自然而然地就出现了。加上在传统司法体系下，当事人要走完整个合规的诉讼程序，就需要支付大量的资金，同时还要承担巨大道德成本。能动司法中的法官下乡办案大大改善了传统司法的

---

① 苏力：《送法下乡中国基层司法制度研究》，中国政法大学出版社2000年版，第97页。

不好的地方，调动法官的积极性，让具有专业法律知识的法官深入诉讼案件的实地，了解发生纠纷的现实环境，可以对不严重的诉讼案件进行调节，让诉讼案件中的各种纠纷关系、争执和矛盾更加妥善地解决，不让大规模的社会关系遭到破坏，尽量维护好农村之间的原有关系，大大减轻各种纠纷的危害性。此外，法官的主动行动也提高了诉讼案件收集证据的正确性、准确性。一般来说，诉讼当事人的法律知识很少，收集的诉讼证据往往都不具有正确性，准确性特别低。法官下乡办案实施后，就可以指导当事人收集证据，收集起来的证据的正确性、准确性就大大提高了，收集的速度也更加快了，这样也可以把纠纷当事人的证据收集方面的费用大大降下来。

二是能动司法把诉讼周期大大减少下来。在传统司法体系下，诉讼当事人走简易程序，先进行诉讼前准备证据、资料，相关机构进行立案，然后传票送达，然后才能进入法院的审理和判决阶段等，那么，案件一审的整个周期最少就要达到半年，花费时间非常长。法官下乡办案提高了针对性以及收集证据的快速性，同时法官也能够更加准确地把握诉讼核心，使诉讼整个过程消耗的时间大大减少，故而能动司法能够把诉讼周期大大减下来。

三是能动司法下，调解的使用次数大大增多了，使得案件不用走到后续阶段，大大提高了简单案件的解决速度。目前，我国的诉讼案件很多，特别是民事诉讼案件数量巨大，但是现有条件下司法资源是有限的，不可能全部满足诉讼案件中的各种需求。我国的众多数量的民事诉讼案件中包含了大量复杂的、事实特别清楚、争议特别大的案件，也包含了大量证据明确、事实清楚、矛盾问题较小的案件，还包括一些其他类的案件。证据明确、事实清楚、矛盾问题较小的案件更加适用于调解进行，能动司法让法院调解解决证据明确、事实清楚、矛盾问题较小的案件，可以让案件的证据审查时间、辩解等不必要的程序时间大大减少，让当事人更加快速地到达争议的中心，进行核心问题的解决，用公权力影响拒不履行义务者，把有限的司法资源用在复杂、事实特别清楚、争议特别大的案件上，提高了案件的处理速度和整体社会影响[①]。

四是能动司法可以更加保护信息隐私，降低纠纷的保密性成本支出。在传统司法体系下，民事诉讼往往采用此种审判形式，而且这种审判是公开的，很多的证据信息、审判结果都是公开的，显然，这不利于保护当事人的个人隐私信息，也不利于保护一些商业机构的技术秘密、财产等隐私信息，不利于一些企业的社会形象和社会影响，不利于企业的持续发展。而在能动司法下，纠纷往往采用调解程序，不用专门花费相关的费用，这样就可以降低隐私保护成本，可以保护当事人的个人隐私信息，也可以保护一些商业机构的商业秘密和财产信息，树立良好的企业形象，让企业更好地发展。

三、能动司法完善法律规则

从立法角度来看，立法者确定的法律规则被希望是有效率的，即在成本花费最小、时间花费最少的情况下，法院处理各种诉讼案件，同时，法律规则是处理各种诉讼案件的准确化的依据。但是现实情况是，我国的社会关系非常的不简单化，各地情况也有很大的差异性，加上法律条款长年固定不变，更新次数很少，许多的法律条款和现实的诉讼案件有很大的情况出入，处理的适用性不是很强。

在传统司法体系下，当事人要走完整个合规的诉讼程序需支付大量的资金，承担巨大道德成本，法官严格按照法律条款的规定来处理各种诉讼案件，不知变通。但是在能动司法下，法官把

---

① ［日］棚濑孝雄：《纠纷的解决与审判制度》，王亚新译，中国政法大学出版社 1994 年版，第 46 页。

握法律条款的法律原则，更加把诉讼案件实际情况和法律条款的法律原则结合起来，灵活、能动地处理诉讼案件，既保证了当事人的权利，也保障了法律条款的法律原则、法律精神的延续，并在一定程度上结合实际案件的实践可以更加优化相关不完善的法律规则，让法律规则和现实之间的差距不断地缩小再缩小。卡多佐就曾指出，法律规则是"试错—修正—再试错—再修正"的持续化过程[①]。可见，能动司法可以优化"试错—修正—再试错—再修正"的持续化过程，一点点地完善现有的法律法规，拉小现实与现有法律法规之间的差距，让法律更实用。

第二节 能动司法与民事司法成本控制的冲突

通过上文分析可知，能动司法是一种"投入产出"方式。能动司法约束了包括法院、法官等行为模式产出，同时也规范了司法的投入模式，特别是很大程度影响了民事司法的投入成本机制。能动司法与民事司法成本控制有很多契合的地方，能动司法可以降低司法的成本支出，完善了高高在上的法律规则，大大提高了诉讼案件的处理。但是，能动司法与民事司法成本控制也存在很多冲突的地方，比如能动司法可能会过分强调法院职责的增多、调节的运用，把审判的功能、效率都大大降低下来，让诉讼不够准确，影响诉讼的效率，无法实现民事司法成本的控制，具体分析如下：

一、法院职责扩张导致审判效率下降

能动司法不是被动的司法，而是有主观能动性，主动地服务

---

① ［美］本杰明·N. 卡多佐：《法律的成长 法律科学的悖论》，中国法制出版社 2002 年版，第 32 页。

于人民，服务于国家，积极、高效率地服务经济社会发展，能动司法强调服务的人群和主体是人民，认为服务要有很强的主动性，同时重视司法工作的效率性，不能低效化。因此，在能动司法下，司法审判的服务性也是很重要的，审判要保障各方利益的一种协调，要保证对司法体系的坚持和维护，进而促进形成非低效型的司法体系。在我国人民法院承担了司法案件的审判职能，能动司法强调人民法院的能动性，不能一味地高高在上，只审判，而不是关注社会问题，人民法院应该进入到社会综合治理的角色中去，最大程度上去预防各种司法案件的发生，提前性地进行诉讼案件的源头治理，同时也要积极地把各种出现的司法矛盾一个一个地处理掉。但是在这一过程中，不可避免的是，人民法院的社会职责可能被大大增加，而审判职能被大大弱化了。

第一，法院社会职责的过度强调，可能导致法院的主体司法职责履行不能完全到位。从本质来说，法院社会职责是附属职责，而法院司法职责是核心职责。能动司法要求法院把社会职责、司法职责都能够发挥好，兼顾到，不仅要做好矛盾纠纷问题的裁决处置，还要顾及去社区、去农村调研，把建议反馈给政府等社会职责，还要顾及各种社会问题的解决。目前，我国法治建设还处于初步发展阶段，诉讼案件数据量大，与之形成鲜明对比的是，法院数量较少，司法人员更是少之又少，整个国内的司法资源不是很充裕，能动司法强调法院的社会职责增多，让法院来进行社会治理、社会秩序不科学，本身司法人员的精力就很不足，时间也特别有限，这样的强调就会无形中影响法院的审判工作，最后可能造成司法工作的效率不高、质量不好。

第二，能动司法可能让民众认为司法廉价，大小事都找司法部门来处理。能动司法下，调解这种非司法判决的正式形式使用的次数特别多，民众可能产生司法廉价的不正确的想法，然后不论大小事，可能都会找司法部门，这样可能会加剧诉讼的工作量，大量挤占司法资源，使得司法资源的配置效率大大降低，司法整体的成本大大提高，司法系统没有办法正常进行工作。

第三，法官下乡办案也可能带来不利影响，让司法的威信性无法建立起来。本来法官是高高在上，不与民众直接接触的，是一种很有权威、很专业的形象。而在法官下乡办案的方式中，法官下到农村中去，实施司法救济，履行一定的社会行政职责，但是却让当事人觉得法官的专业权威形象没有了，可能会认为法官这么接近当事人，会不会出现偏袒行为等不好的想法，可能对案件的决议不是很认可。

二、过于注重调解导致审判功能弱化

第一，法院过于注重调解，导致司法功能不能正常发挥。纠纷出现后，要解决。只有把纠纷解决了，社会关系才能更好，社会发展也才更稳定。解决纠纷的方式有很多，包括了调解、上诉等方式。调解这种方式更加突出当事人的非强迫性的意思。但是现实情况下，有些案件的调解不是基于当事人的非强迫性的意思做出来的结果，而是当事人被迫做出的意思表达，一些法官可能会多次劝说当事人进行和解，一方面可以把自己的工作成果快速地体现处理，比如调解率、上诉率等工作指标都可以变得很好，另一方面可以把案件很快速地了结，在案结事了的背景下，诉讼效率也大大提高了。还有一种情况是，双方的力量差异很大，调解的结果可能是没有遵循平等原则，是不自主的行为，经济状况较好的当事人在调解中处于优势地位，和解会强化不平等的双方，让钱多的人没有了道德束缚[1]。调解的结果没有顾及双方的平等地位，仅仅以财产了事，虽然当时双方调解成功了，但是事后当事人可能会很无奈，只能再次向法院请求审理，但是当事人

---

[1]　王福华：《论诉前强制调解》，载《上海交通大学学报》2010 年第 2 期。

没有真实证据，往往只能败诉下来，最后只能多次上访，但经常也没有结果。因此，法院过于注重调解的不利影响很多，许多达成调解的案件，后续往往会出现各种问题，法院还要继续调解。此外，法院需要花费特别大的时间成本、人力成本来调解非简单的纠纷，同时还导致法院的审判功能不能正常发挥。

第二，民事诉讼的解决不仅仅是个案的解决，还涉及借鉴和参考的价值和作用。调解这种解决方式会对个案产生很大约束力，法律效力只能作用于个案的当事人之间，但是对整个民事诉讼的其他案件来讲没有很大的参考意义，而判决则恰恰相反，具有很大的借鉴和参考的价值和作用。

第三，诉讼和调解的目的倾向不同，导致差异性巨大。诉讼关注的是社会整体，而调解关注的则是局部，诉讼的目的是实现最大程度的社会效益，目的是不断提高社会效率，影响的范围很广。而调解的目的是解决局部的矛盾和争执，影响的范围往往是个案的当事人之间。所以说，调解结果可能对个人来说很好，但是从社会发展角度并不是效率最好的方式。

第四，诉讼程序不仅包括判决程序，还包括调解程序，不同的诉讼案件适合不同的诉讼程序，不能一味地使用调解程序、调解方式，而忽略了其他程序、方式，这显然不能最大化诉讼效率，不能以最好、最快的速度解决诉讼案件。有句话说得好，调解是当事人自愿、自主解决问题的方式，但不是审判方式[1]。具体来说，当事人要可以自由地选择调解程序或者诉讼程序，实现自己真实意思的表达，大大提高诉讼的效率就行。采用调解方式时，不仅要关注当事人之间意思的真实表达、相互之间的和解，同时也要考虑到法官也可以调解，也要注意诉讼效率，这样更能提高案件的办理速度。

---

[1] 棚濑孝雄：《纠纷的解决与审判制度》，王亚新译，中国政法大学出版社1994年版，第54页。

三、偏重纠纷解决忽视准确性的实现

随着经济社会的不断发展，我国的司法实践也不断发展，能动司法的发展也不断提升。但在此之前，我国的法治水平是很低的，在这种情况下，法院一般采用的是马锡五审判方式，即法官实地进入农村，踏踏实实地做调研，真实、客观地了解民众的各种诉讼纠纷，然后处理各种各样的案子，显然，当时条件非常有限，法律规则的运用也不是很规范，运用马锡五审判方式解决纠纷还是可以的。但是随着经济社会的不断发展，我国的司法实践也不断发展，能动司法的发展也不断提升，马锡五审判方式已经不是很适用了，马锡五审判方式更多的是关注调解解决纠纷，没有更多地强调法律规则的适用，没有考虑很多规则，没有重视法律规则的建立和维护，而仅仅是很单纯地以解决民众之间的问题为主，见不到法律规则的权威性、准确性，也不能通过这些诉讼案件的解决，约束人们不恰当的行为，让民事诉讼效率、社会效率有一定的提高，反而提高了纠纷解决的司法成本。

第三节　改进的思路

一、对司法能动与司法克制主义进行平衡

从较短的时间来看，司法能动具有一定的好处，比如可以让诉讼个案的满意度大大提高，效率很高，也可以在一定程度上保护非强势群体的正常权利。但是从较长的的时间来看，司法能动也有一定的不好的地方，司法能动对司法的能动性太过度，不利于司法权威的维护和实现。"从本质上来看，司法权自身是特别

被动的，它的行动都是推动性行动，而不是主动发出的行动，有人去告发某些犯罪行为、非法行为等，它进入调查和取证，才会去做出行动和回应，而那些存在没有人告发的犯罪行为、非法行为，它不会自主地对罪犯进行追击，对存在的非法行为进行调查、解释。"① 司法权从来都不是主动的，这样也就让当事人双方可以更加平等，保障司法过程的公平、公正，也让司法非工作人员的参与人更加尊重法律，尊重法律结果，更加认同法律判决，也更加信任法律实施过程、法律判决过程。司法克制主义有一定的好处，因为它的存在，参与诉讼的当事人可以享受平等的权利，可以享受平等、客观的程序流程。司法能动是对司法克制主义的部分修正，从而不断发展。从这个意义上来讲，司法能动是离不开司法克制主义的，所以司法的本质都有保留，司法、行政之间的区别还是存在的，差距还是很大的。从未来的发展趋势来讲，司法能动与司法克制主义结合起来用，可以发挥最大的社会正义，但是不足之处就是目前我国还没有很完善的政治体制、良好的社会条件，这种结合得好的效果还发挥不了。

随着市场经济的不断发展，我国的城市经济得到了很大程度的发展，乡土文明向城市文明发展。但是与此同时，中国农村社会的发展远远落后，市场运行机制并没有在中国农村社会建立起来，诸多问题频繁出现。加上中国乡村往往实施熟人社会运行机制，乡土情结严重，区别于现代城市的社会规则运行机制，乡村法制观点往往跟不上社会的发展，现代化的司法体系很难在农村推广开来。传统的乡土理念、熟人规则与现代法治理念之间有着特别大的鸿沟，要向让鸿沟变小，司法能动性变得尤为重要，司法能动有时可以在一定程度上适用我国的社会现实，有时还需要融合司法能动主义和司法克制主义，让两者共同发挥作用。

---

① ［法］托克维尔：《论美国的民主》（上卷），董果良译，商务印书馆1993年版，第110页。

第一，司法权威不能因为司法能动而受到不好的影响。随着社会经济的不断发展，社会问题的非简单化，各种社会关系的错综复杂，能动司法可以在一定程度上适用个案民众的诉讼，但是它也不能完全适用整个社会发展的需要，即"即使立法者最大程度地预测未来，进而制定法律，但法律都不可能完全同步于社会法治现状"①。尤为重要的一点是，司法权威不能因为司法能动而受到不好的影响。在能动司法下，法官是个非常主动、非常博学、非常专业、非常有亲和力的角色，投入诉讼的时间大大增多了，花费的精力也大大增加了，也就是说在诉讼个案中，法官会发挥自己的主观能动性，利用自身的专业化的法律知识，使用法律原则，亲自去司法事件的实地进行调查取证，主动与当事人进行面对面的沟通了解，能够最大限度地了解当事人的生活环境，让诉讼个案得以较好处理。但是，能动司法下法官下乡办案也可能带来不利影响，让司法的威信无法建立起来。与其说，法律是处理个案，不如说法律是个指引行为的社会法律，只有建立了较好的法律规则，社会才能正常运作，如果社会民众没有形成尊重法律的习惯，没有形成对法律的信任，社会也就谈不上法治社会了，也就更说不上是法治文明了。

第二，法院调审要相互结合，实现均衡。从我国目前的能动司法的现状来看，我国的能动司法把调解放在了一个极其重要的地位，法院调解遍布各个阶段，在诉讼前可以有调解，在立案时也可以有调解，在审判前可以有调解，在诉讼中也可以有调解，甚至审判后都可以有调解，被调解的人多种多样，调解人也是各方各面的人物，自己不能到场，可以进行委托调解，个人调解不了，可以实施联合调解、协助调解等，调解成为了司法能动的重中之重，一方面司法机构把结案数量给大大增加了，另一方面司

① 陈贤贵：《克制抑或能动——我国当下应当奉行什么样的司法哲学》，载《内蒙古社会科学》（汉文版）2009 年第 2 期。

法机构还收获了非常高的影响力和良好的社会形象。虽然调解发展之势不可阻挡，但是我们还是要认识到一点，调解的严重强调影响了司法体系的公正性，影响了司法效率的提高。因此，在实践中，司法部门应该把审判和调解好好地结合起来，实现两者的平衡，发挥调解的灵活作用，同时在必要时使用审判的方式，维护司法体系的公正性，提高司法效率。

二、平衡个体成本与社会成本

民事诉讼制度是一种很重视效率的制度，而且民事诉讼制度的调整往往也是为了提高诉讼的效率，提高整个社会的效率。法院看民事诉讼制度，就是想遵照制度的实施，实现社会利益，能够让自己的成本达到最低，审判众多数量的案件，同时让审判结果非错误化；而民众看民事诉讼制度，遵循制度的实施，可以让自己的成本达到最低，可以保障自己的个人利益。显然，个人利益和社会利益之间很多时候是矛盾、不一致的，可能当事人在个案中实现了最大化的个人利益，但从整个社会来看，这个结果没有实现社会利益，社会效率很低。反而，当社会利益实现时，往往个人利益也会实现，社会效率最高。

通俗来讲，正常诉讼和能动司法下调解的目的倾向不同，差异性巨大。诉讼关注的是社会整体，而调解关注的则是局部，诉讼的目的是实现最大程度的社会效益，目的是不断提高社会效率，影响的范围很广。而调解的目的是解决局部的矛盾和争执，影响的范围往往是个案的当事人之间。所以说，调解结果可能对个人来说很好，但是从社会发展角度并不是效率最好的方式。此外，能动司法保障弱势群体，很是重视司法救济，大大降低了个人的司法成本，但可能也会让民众认为司法廉价，大小事都找司法部门来处理。能动司法下，调解这种非司法判决的正式形式使用的次数特别多，民众可能产生司法廉价的不正确的想法，然后不论大小事，可能都会找司法部门，这样可能会加剧诉讼的工作量，大量挤占司法资源，使得司法资源的配置效率大大降低，导致司法整体社会的成本大大提高，司法系统没有办法正常进行工作。

综上，不能因为能动司法过度关注弱势群体等群体，降低这部分群体的个人司法成本，让司法资源分配呈现出很大的非平衡性，让社会成本大大增加，让社会的最优效率无法实现。因此，要平衡好个体成本和社会成本，优化制度设计，保障个人利益和社会利益，让个人成本降低的同时，大大降低社会成本，让社会的最优效率可以实现。

在借鉴美国司法审查原则、突破司法克制主义的基础上，西方的司法能动主义产生了。司法能动主义与司法克制主义之间有特别大差异，从概念差异来说，能动司法是一种哲学实用主义、法律效率、投入产出等内容的集合概念。从发展来看，司法能动是对司法克制主义的部分修正，从而不断发展，也是美国三权分立时期遵循的司法策略。

我国的能动司法与英美法系的能动司法有很大的区别，英美法系强调的是司法审查、法官造法，而我国的能动司法是针对法院的职责、社会角色而言的，一是在司法审判过程中，法院法官应发挥较强的主观能动性，使用法律原则，可以把法律规范硬性要求和社会因素等软性情况综合一起都考虑起来，运用调解方式，让诉讼个案得以较好地处理；二是在社会治理过程中，法院法官也应发挥较强的主观能动性，去社区、去农村、去基层单位，分析纠纷问题，做好预防，做好解决，甚至要把建议反馈给相关政府部门。在能动司法下，我国的部分社会关系问题得以缓解，社会治理也更加优化。

能动司法是一种"投入产出"方式。能动司法约束了包括法院、法官等行为模式产出，同时也规范了司法的投入模式，特别是很大程度影响了民事司法的投入成本机制。能动司法与民事司法成本控制有很多契合的地方，能动司法可以优化"投入—产出"机制，比如在诉讼个案中，法官会发挥自己的主观能动性，使用法律原则，去司法事件的实地进行调查取证，主动与当事人进行面对面的沟通了解，可以把法律规范硬性要求和社会因素等软性情况综合考虑起来，让诉讼个案得以较好地处理。同时，能动司法降低了当事人的司法成本支出，完善了高高在上的法律规则，大大提高了诉讼案件的处理。

但是，能动司法与民事司法成本控制也存在很多冲突的地方，比如能动司法可能会过分强调法院职责的增多、调解的运用，把审判的功能、效率都大大降低下来，让诉讼不够准确，影响诉讼的效率，无法实现民事司法成本的控制，也容易偏重纠纷解决而没有在意法律规则的建立和维护，无法实现法律的权威性，无法实现社会效率的最大化。

因此，司法部门要对司法能动与司法克制主义进行平衡，让调解方式、审判方式在不同的司法阶段充分发挥不同的作用，进而最大程度上去维护法律规则的权威性、维护法律规则的公正性。此外，司法部门不能只关注司法能动下的个人成本最小化，还需要关注社会最优效率的实现。

第七章　结论与展望

随着社会经济和市场经济体制的不断发展，社会问题的非简单化，各种社会关系的错综复杂，各方的利益争夺战也变得更加激烈，社会矛盾、社会冲突的数量大大增加。与此同时，人们对法律规则的尊重、信任感越来越低，传统纠纷解决方式已经完全不能满足当事人的需求，诉讼案例数据成倍地增长，法院、法官的负担大大增加，民众司法体验较差，体会到了"诉讼难"的无奈。在这种背景下，司法部门要运用能动司法理念不断优化各种司法资源，降低民事司法成本，提高司法效率，让民众的司法体验转好，让司法公正得以发展，让社会效率大大提高。目前，民商事案件是数量最多的纠纷案件，可以这样说，整个司法体系的运行很大程度上受到民事诉讼制度的影响。如果能够处理好民事诉讼，做好裁判，让市场预期稳定，让矛盾、冲突弱化，让各方利益合规化，那么司法效率也会大大提高，社会的最优福利也可以达到。因此，研究民事司法成本的控制具有重要意义。

第一节　主要结论

（1）目前，民事司法成本的概念、内涵都不太统一，因为学者的法律知识、法律分析角度不同。但是，司法成本、诉讼成本、审判成本这三个概念有很大的趋同性，应用十分广泛，许多人在使用的时候，往往把这三个概念混淆，甚至交叉使用，在此概念基础上的研究就显得很不准确了。笔者认为司法成本是资源的投入，这些资源主要包括资金资源、司法资源、司法人才队伍等资源，这些资源投入的根本目的是维护司法权，保障司法权的正常行使，保障国家的利益。

（2）司法诉讼也是追求经济效率的，希望以最小的司法成本（含诉讼成本、预防成本、误裁成本）代价来实现最大的社会福利，实现最大的社会效率。在民事诉讼制度下，诉讼主体能够让诉讼耗费时间最短，让诉讼成本最小化，实现最优准确性，这就是"民事司法成本控制"。社会最优准确性是存在的，在诉讼所造成的社会损失、社会成本投入两者稳定保持均衡时达到。要让社会最优准确性有所提高，一种方法是稳定较高水平的准确性，加大社会的投入，一种方法是稳定较低水平的准确性，减低社会成本消耗。目前，我国的社会最优准确性还没有达到，可以通过诉讼主体、程序对时间、成本的合理化配置方式实现。

（3）当社会实现最优准确性时，社会最优的诉讼数量、民事司法成本最小化的数量两者是相等的。而诉讼当事人希望遵循制度的实施，在自己的预算收入范围内，做出最优策略，可以让自己的成本达到最低，时间花费得最少，保障最多的个人利益，但实际往往会发生"诉讼困境"。本书通过理论分析和现实问卷的调查发现，人们对于诉讼的需求不是稳定的，不是维持在同一水平的，受到了多种因素的影响，诉讼往往达不到社会最优数量水平。为了达到最优水平，当诉讼需求较低时，可以对诉讼费用制度进一步优化，费用实现更好的分配，也可以通过救济、法律援助制度等发展公益诉讼制度；反之，加大和解力度，让信息证据交换，让有关案件的法律信息早披露。

（4）法院本质上是个社会组织，有投入有产出，也追求最优效率，让审判成本尽量最小，同时保持裁判准确性。司法投入从类型上讲有时间的投入、人力的投入，从主体上讲有国家的投入、法官的投入。目前，我国法院在行政化上存在一定的问题，难以实现社会福利的最大化，实现最大社会效率。法官受到公众薪酬、制度约束等因素影响，使得个案的准确性不高。

研究发现：法院产出的效率主要受到法官人员数量多少、法官流失程度的影响，法官人数、法院的产出效率两者之间是规模递减的关系。这说明，真正办案的法官人数不是很多，只有不断优化资源配置，优化法官资源，推行法官精英化改革（当前的法官员额制利弊并存，尚不能承担此改革），效率提高才可能实现。

（5）法院的裁判结果是非隐蔽的，是公开的，具有很大的经济价值，是经济效率提高的重要方式和重要手段；另一方面，裁判结果如果准确，那么会有很大的正面效益，可以发挥规范功能，进而把当事人的诉讼预期改变，让选择也有预期，也让诉讼量呈现出了周期循环的发展态势，比如我国近年来民事诉讼诉讼量的发展态势。

（6）我国的能动司法与英美法系的能动司法有很大的区别，英美法系强调的是司法审查、法官造法，而我国的能动司法是针对法院的职责、社会角色而言的，一是在司法审判过程中，法院、法官应发挥较强的主观能动性，使用法律原则，可以把法律规范硬性要求和社会因素等软性情况综合一起都考虑起来，运用调解方式，让诉讼个案得以较好地处理；二是在社会治理过程中，法院法官也应发挥较强的主观能动性，去社区、去农村、去基层单位，分析纠纷问题，做好预防工作，甚至要把建议反馈给相关政府部门。在能动司法下，我国的部分社会关系问题得以缓解，社会治理也更加得以优化。

能动司法是一种"投入产出"方式。能动司法约束了包括法院、法官等行为模式产出，同时也规范了司法的投入模式，特别是很大程度影响了民事司法的投入成本机制。能动司法与民事司法成本控制有很多契合的地方，能动司法可以优化"投入—产出"机制，让法官发挥自己的主观能动性，使用法律原则，让诉讼个案得以较好地处理。同时，能动司法降低了当事人的司法成本支出，完善了高高在上的法律规则，大大提高了诉讼案件的处理效率。但是，能动司法与民事司法成本控制也存在很多冲突的地方，比如能动司法可能会过分强调法院职责的增多、调解的运用，把审判的功能、效率都大大降低下来，让诉讼不够准确，影响诉讼的效率，无法实现民事司法成本的控制，也容易偏重纠纷解决而没有在意法律规则的建立和维护，无法实现法律的权威性，无法实现社会效率的最大化。

因此，司法部门要对司法能动与司法克制主义进行平衡，让调解方式、审判方式在不同的司法阶段充分发挥不同的作用，维护法律规则的权威性、公正性。此外，司法部门要平衡好个体成本和社会成本，优化制度设计，保障个人利益和社会利益，在个人成本降低的同时，让社会成本大大降低，让社会的最优效率可以实现，不能只关注司法能动下的个人成本最小化。

（7）纠纷中可能有很多是不必要的纠纷，通过设计的程序进行提前筛选行为，把那些投机的纠纷、不必要的纠纷去掉，保留那些真正有需求的纠纷并解决。审前程序要进行优化，让当事人的证据可以进行交换，让案件的核心问题更加凸显，为审判效率的大大提高做好准备。分流案件在小额诉讼程序中是很有必要的，可以让诉讼花费的时间、支出大大降低下来，同时还可以大大增加准确度。此外，上诉程序、再审程序也应该对准确度有控制，自动把那些非正确案件去掉，这样也可以最大力度地把社会成本降下来。

第二节　存在的不足与展望

民事司法成本控制问题具有较高的复杂度，同时社会情况比较复杂，需要的各种知识也很多，理论内涵也要求功底深厚，之前的学术理论概念也难以统一，因此，本书难免存在很多不足的地方。本书的基本理论框架的基础是民事司法成本，相关领域的内容研究深入程度需要进一步加强，整体的逻辑分析可能不是很完善，文章结构也有一定的局限性，分析方法较为单一，实证分析没有运用得很充分。本书中有待进一步研究的问题有：

第一，法院裁判所传递的信息是很重要的，可能会影响司法成本，进而作用于效率，但本书没有进行深入分析。

第二，有哪些因素影响法院产出效率这一问题也需要后续探讨。基层法院的数据的获取渠道不是很畅通，没有大量的数据支持，导致了书中分析司法效率的样本数据很小，不能形成较好的结果。未来，需要加强数据量的支持力度，考虑更多的影响因素，使分析更全面。

第三，理论方法可以进一步完善，特别是没有充分利用诉讼当事人之间的博弈理论模型。

第四，民事诉讼案件数量巨大，各个案件差异性很大，希望以后研究民事诉讼能够更微观、更细化。

参 考 文 献

［1］习近平：《决胜全面建成小康社会　夺取新时代中国特色社会主义伟大胜利——在中国共产党第十九次全国代表大会上的报告》，人民出版社 2017 年版。

［2］张保生、张中、吴洪淇等：《中国司法文明指数报告》，中国政法大学出版社 2016 年版。

［3］张卫平、齐树洁主编：《司法改革论评》，厦门大学出版社 2013 年版。

［4］陈志：《走出市场困境——弱者维权实证研究》，法律出版社 2015 年版。

［5］［美］E. 博登海默：《法理学、法律哲学与法律方法》，邓正来译，中国政法大学出版社 2004 年版。

［6］［美］大卫·D. 弗里德曼：《经济学语境下的法律规则》，杨欣欣译，法律出版社 2004 年版。

［7］［美］道格拉斯·G. 拜尔等：《法律的博弈分析》，严旭阳译，法律出版社 2006 年版。

［8］［美］罗伯特·考特、托马斯·尤伦：《法和经济学》，施少华等译，上海财经大学出版社 2002 年版。

［9］［美］理查德·A. 波斯纳：《证据法的经济分析》，中译本，中国法制出版社 2001 年版。

［10］［美］理查德·A. 波斯纳：《超越法律》，苏力译，中国政法大学出版社 2001 年版。

［11］［美］理查德·A. 波斯纳：《道德和法律理论的疑

问》，苏力译，中国政法大学出版社 2001 年版。

［12］［德］马克斯·韦伯：《论经济与社会中的法律》，张乃根译，中国大百科全书出版社 2003 年版。

［13］［美］理查德·A. 波斯纳：《法律的经济分析》，蒋兆康译，中国大百科全书出版社 1997 年版。

［14］［美］理查德·A. 波斯纳：《正义/司法的经济学》，苏力译，中国政法大学出版社 2002 年版。

［15］［美］诺斯：《制度创新的理论：描述、类推与说明》，引自《财产与权利制度的变迁》，刘守英等译，上海三联书店、上海人民出版社 1994 年版。

［16］［美］诺斯：《制度、制度变迁与经济绩效》，杭行译，格致出版社 2008 年版。

［17］［美］科斯：《企业、市场与法律》，盛洪、陈郁译，格致出版社 2009 年版。

［18］［美］约翰·罗尔斯：《正义论》，何怀宏等译，中国社会科学出版社 2006 年版。

［19］陈国富：《法经济学》，经济科学出版社 2006 年版。

［20］苏力：《送法下乡——中国基层司法制度研究》，中国政法大学出版社 2000 年版。

［21］魏建、黄立君、李振宇：《法经济学：基础与比较》，人民出版社 2004 年版。

［22］魏建：《法经济学：分析基础与分析范式》，人民出版社 2007 年版。

［23］魏建、周林彬：《法经济学》，中国人民大学出版社 2008 年版。

［24］翁子明：《司法判决的生产方式——当代中国法官的制度激励与行为逻辑》，北京大学出版社 2009 年版。

［25］谢识予：《经济博弈论》（第三版），复旦大学出版社 2010 年版。

［26］公丕祥：《人民法院优化司法职权配置理论与实务》，人民法院出版社 2011 年版。

［27］沈德咏：《中国特色社会主义司法制度论纲》，人民法院出版社 2009 年版。

［28］陈光中：《中国司法制度的基础理论问题研究》，经济科学出版社 2010 年版。

［29］王利明：《司法改革研究》，法律出版社 2001 年版。

［30］［美］基斯·威廷顿：《司法至上的政治基础》，牛悦译，北京大学出版社 2010 年版。

［31］冯玉军：《法经济学范式》，清华大学出版社 2009 年版。

［32］景汉朝：《司法法成本与司法效率实证研究》，中国政法大学出版社 2010 年版。

［33］张乃根：《法经济学——经济学视野里的法律现象》，中国政法大学出版社 2003 年版。

［34］刘大洪：《法经济学视野中的经济法研究》，中国法制出版社 2003 年版。

［35］柴发邦主编：《体制改革和完善诉讼制度》，中国人民公安大学出版社 1991 年版。

［36］陈国富：《法经济学》，经济科学出版社 2006 年版。

［37］陈慰星：《民事纠纷的多元化解决机制研究》，知识产权出版社 2008 年版。

［38］范愉：《多元化纠纷解决机制与和谐社会的构建》，经济科学出版社 2011 年版。

［39］景汉朝主编：《司法成本与司法效率实证研究》，中国政法大学出版社 2010 年版。

［40］冉井富：《当代中国民事诉讼率变迁研究——个比较法社会学的视角》，中国人民大学出版社 2005 年版。

［41］唐应茂：《法院执行为什么难——转型中的政府、市场与法院》，北京大学出版社 2009 年版。

［42］王赢：《涉诉信访压力下的法院与诉讼》，洪范法律与经济研究网，2011 年 8 月。

［43］王雷：《基于司法公正的司法者管理激励》，法律出版社 2010 年版。

［44］严军兴等主编：《社会转型与农村纠纷解决机制研究》，中国方正出版社 2010 年版。

［45］翁子明：《司法判决的生产方式——当代中国法官的制度激励与行为逻辑》，北京大学出版社 2009 年版。

［46］黄宣编译：《德国民事诉讼费用制度评述》，引自《比较民事诉讼法》第 8 卷，中国法制出版社 2012 年版。

［47］田中英夫、竹内昭夫：《私人在法实现中的作用》，李薇译，法律出版社 2006 年版。

［48］王亚新：《社会变革中的民事诉讼》，中国法制出版社 2001 年版。

［49］［美］德博拉·L. 罗德：《为了司法/正义：法律职业改革》，张群等译，中国政法大学出版社 2009 年版。

［50］［美］约翰·罗尔斯：《正义论》，何怀宏等译，中国社会科学出版社 1988 年版。

［51］陈刚主编：《自律型社会与正义的综合体系——小岛武司先生七十华诞纪念文集》，陈刚等译，中国法制出版社 2006 年版。

［52］黄宣编译：《德国民事诉讼费用制度评述》，引自《比较民事诉讼法》第 8 卷，中国法制出版社 2012 年版。

［53］［英］杰拉尔德·汉隆：《律师、国家与市场：职业主义再探》，程朝阳译，北京大学出版社 2009 年版。

［54］［日］森际康友编：《司法伦理》，于晓琪、沈军译，商务印书馆 2010 年版。

［55］黄国昌：《民事诉讼法教室》，元照出版有限公司 2009 年版。

[56] 傅郁林：《诉讼费用的性质与诉讼成本的承担》，引自《北大法律评论》第 4 卷第 1 辑，法律出版社 2001 年版。

[57] [美] 皮特·纽曼主编：《新帕尔格雷夫法经济学大辞典》第 1 卷，明月等译，法律出版社 2003 年版。

[58]《习近平对司法体制改革作出重要指示强调　坚定不移推进司法体制改革　坚定不移走中国特色社会主义法治道路》，载《法制日报》2017 年 7 月 11 日第 1 版。

[59] 钱大军、郭倩：《中国司法改革的路径应当如何选择》，载《北方法学》2018 年第 6 期。

[60] 张德淼：《法治评估的实践反思与理论建构——以中国法治评估指标体系的本土化建设为进路》，载《法学评论》2016 年第 1 期。

[61] 张德淼、张琼：《中国特色社会主义法治理论的新发展》，载《光明日报》（理论周刊·政治）2016 年 8 月 17 日。

[62] 张德淼：《法院管理创新的生动实践》，载《人民法院报》2011 年 12 月 29 日。

[63] 张继成：《诉讼证明标准的科学重构》，载《中国社会科学》2005 年第 5 期。

[64] 朱孝清：《司法的亲历性》，载《中外法学》2015 年第 4 期。

[65] 王禄生：《法院人员分类管理体制与机制转型研究》，载《比较法研究》2016 年第 1 期。

[66] 陈柏峰：《领导干部干预司法的制度预防及其挑战》，载《法学》2015 年第 7 期。

[67] 杜闻：《论 ADR 对重塑我国非诉讼纠纷解决体系的意义》，载《政法论坛》2003 年第 3 期。

[68] 徐昕、黄艳好、汪小棠：《中国司法改革年度报告（2016）》，载《上海大学学报》（社会科学版）2017 年第 3 期。

[69] 周长军：《司法责任制改革中的法官问责——兼评

"关于完善人民法院司法责任制的若干意见"》，载《法学家》2016 年第 3 期。

[70] 滑璇：《法官流失，理也流失》，载《南方周末》2015 年 8 月 2 日政经版。

[71] 丁以升：《司法的精英化与大众化》，载《现代法学》2004 年第 2 期。

[72] 吴笋林：《员额制改革目的不是要减人》，载《南方都市报》2016 年 5 月 18 日第 6 版。

[73] 郎立惠：《司法改革对民事案件事实认定的影响》，载《河北法学》2017 年第 12 期。

[74] 艾佳慧：《中国法院绩效考评制度研究——"同构性"和"双轨制"的逻辑及其问题》，载《法制与社会发展》2008 年第 5 期。

[75] 王福华：《论民事司法成本的分担》，载《中国社会科学》2016 年第 2 期。

[76] 毕俊荣：《浅析现行律师收费制度中存在的问题》，载《法治与社会》2008 年第 9 期。

[77] 陈洪杰：《转型社会的司法功能建构——从卡理斯玛权威到法理型权威》，载《华东政法大学学报》2017 年第 6 期。

[78] 邓广兴：《法院案件效率管理的调查分析——以杭州中院案件审判实践为基点》，载《法学》2009 年第 10 期。

[79] 宁静波：《能动司法下民事诉讼效率：时间、成本约束下的最优准确性》，山东大学博士学位论文，2012 年。

[80] 石晓波：《司法成本控制下法官精英化的改革出路》，载《法学评论》2017 年第 5 期。

[81] 董国庆：《论诉讼费下调后人民法院面临的帕累托改进》，载《浙江大学学报》（人文社会科学版）2008 年第 2 期。

[82] 熊征：《"大调解"中的司法：表达与实践的悖论》，载《北京社会科学》2017 年第 9 期。

［83］郑晓剑：《比例原则在民法上的适用及展开》，载《中国法学》2016 年第 2 期。

［84］文娟、王成海：《司法成本与效益的博弈分析——以刑事司法程序优化为视角》，载《哈尔滨学院学报》2007 年第 1 期。

［85］兰照、卫文涛：《博弈论视角下司法裁判进程分析》，载《山西农业大学学报》（社会科学版）2017 第 10 期。

［86］杨斌、向美蓉：《论建立我国柔性的司法能动主义》，载《法制与社会》2016 年第 1 期。

［87］郭纪胜：《关于司法成本的几点思考》，载《人民司法》2001 年第 9 期。

［88］丁毅诚、张晨田：《略论环境民事公益诉讼的判决——以能动司法为视角》，载《法制博览》2017 年第 11 期。

［89］柳建龙：《〈行政诉讼法司法解释〉第五十二条之评析——在节约司法成本与追求司法正义之间抉择》，载《南阳师范学院学报》2007 年第 2 期。

［90］周永坤：《能动司法有违司法常识》，载《北京日报》2017 年 2 月 27 日。

［91］潘祖全：《刑事诉讼视野下的司法成本节约》，载《人民检察》2006 年第 4 期。

［92］左卫民：《认罪认罚何以从宽：误区与正解——反思效率优先的改革主张》，载《法学研究》2017 年第 3 期。

［93］胡志斌：《合理配置基层法院法官资源的探讨》，载《海南大学学报（人文社会科学版）》2010 年 8 月第 4 期。

［94］陈瑞华：《"认罪认罚从宽"改革的理论反思——基于刑事速裁程序运行经验的考察》，载《当代法学》2016 年第 4 期。

［95］沈明明、王裕华：《中国农民经济纠纷解决偏好分析》，载《北京大学学报》（哲学社会科学版）2007 年第 3 期。

［96］陈卫东：《十八大以来司法体制改革的回顾与展望》，载《法学》2017 年第 10 期。

［97］石通、杨化光：《法官下乡，化解纠纷》，塔城新闻网，2012 年 3 月 2 日。

［98］王彬：《法官效用函数与法官行为》，载《中国社会科学报》2010 年 4 月 6 日。

［99］文桃丽：《司法成本的分类研究》，载《湖南省政法管理干部学院学报》2002 年第 6 期。

［100］王亚新：《司法成本与司法效率——中国法院的财政保障与法官激励》，载《法学家》2010 年第 4 期。

［101］顾利军：《合理分担司法成本，全面提升司法效率》，载《人民法院报》2010 年 12 月 8 日。

［102］方流芳：《民事诉讼收费考》，载《中国社会科学》1999 年第 3 期。

［103］汤维建、刘静：《为谁诉讼　何以信托》，载《现代法学》2007 年第 1 期。

［104］陈靖宇：《中外诉讼费用制度的比较及其对中国的启示》，载《法治与社会》2011 年第 11 期。

［105］陈贤贵：《克制抑或能动——我国当下应当奉行什么样的司法哲学》，载《内蒙古社会科学》（汉文版）2009 年第 2 期。

［106］董国庆：《论诉讼费下调后人民法院面临的帕累托改进》，载《浙江大学学报》（人文社会科学版）2008 年第 2 期。

［107］龚先碧：《古代法律文化传统：中国司法行政化现象的成因之一》，载《法制与社会》2007 年第 10 期。

［108］顾培东：《能动司法若干问题研究》，载《中国法学》2010 年第 8 期。

［109］关倩：《法官视角中的能动司法》，载《法律科学西北政法大学学报》2012 年第 1 期。

［110］侯猛：《最高法院大法官因何知名》，载《法学》2006 年第 4 期。

［111］金炼：《司法能动与克制：寻求判调结合的纳什均

衡——以处分权与审判权的博弈为基点》，载《法治研究》2007年第10期。

[112] 罗东川、黄斌:《我国司法效率改革的实践探索——立足于当前人民法院"案多人少"问题的思考》，载《法律适用》2011年第3期。

[113] 罗东川、丁广宁:《我国能动司法的理论与实践评述》，载《法律适用》2010年第2～3期。

[114] 陈瑞华:《法官责任制度的三种模式》，载《法学研究》2015年第4期。

[115] 秦前红、黄明涛:《法院如何通过判决说理塑造法院的权威——以美国最高法院为例》，载《中国刑事法杂志》2012年第3期。

[116] 张建伟:《辩诉交易的历史溯源及现实分析》，载《法律科学》2008年第5期。

[117] 王健清:《"涉诉信访"司法成本研究》，载《江西社会科学》2014年第1期。

[118] 李祥祥:《国家治理观的内涵阐释、历史考察、价值选择》，载《河北工业大学学报》(社会科学版)2016年第1期。

[119] 杨建军:《司法改革的理论论争及其启迪》，载《法商研究》2015年第2期。

[120] 胡志斌:《合理配置基层法院法官资源的探讨》，载《海南大学学报》(人文社会科学版)2010年8月第4期。

[121] Amy Farmer. Pretrial Bargaining with Self - Serving Bias and Asymmetric Information [R]. Working paper, 2000.

[122] Amy Farmer, Paul Pecorino. Pretrial Bargaining with Asymmetric Information and Endogenous Expenditure at Trial [R]. Working paper, 2000.

[123] Bebchuk L. A. Litigation and settlement under imperfect information [J]. *RAND Journal of Economics*, 1984.

［124］ Bebchuk L. A. Suing solely to extract a settlement offer ［J］. *Journal of Legal Studies*, 1988.

［125］ Bebchuk L. A. A New Theory Concerning the Credibility and Success of Threats to Sue ［J］. *Journal of Legal Studies*, 1996.

［126］ Black, Henry Campbell. *Black Law Dictionary* ［M］. West Publishing Company, 1990.

［127］ Bruce H. Kobayashi and Jeffrey S. Parker. *Civil Procedure: General, Encyclopedia of Law and Economics* ［M］. 1999.

［128］ Buscaglia E., Ulen T. A quantitative assessment of the efficiency of the judicial sector in Latin ［J］. *America International Review of Law and Economics*, 1997.

［129］ Cheung R. A bargaining model of pre-trial negotiation ［R］. Working Paper No. Stanford Law School, John M. Olin Programme in Law and Economics, 1988.

［130］ Calabresi Guido, Melamed A. Douglas. Property Rules, Liability Rules, and Inalienability: One View of the Cathedral ［J］. *Harvard Law Review*, 1972.

［131］ Cole M. Shopping for law in a coasean market ［J］. *NYU Journal of Law and Liberty*, 2005.

［132］ Cooter R. C., Komhauser L. Can litigation improve the law without the help of judges? ［J］. *Journal of Legal Studies*, 1980.

［133］ Cooter, Ulen. *Law and Economics* ［M］. 4rd Ed. Pearson Education, Inc., Publishing, 2003.

［134］ Dana J. D., Spier K. E. Expertise and contingent fees: The role of asymmetric information in attorney compensation ［J］. *The Journal of Law, Economics & Organization*, 1993.

［135］ Davids Kaplan, Joyce Sadka and Jorge Luis Silva – Mendez. Litigation and Settlement: New Evidence from Labor Courts in Mexico ［J］. *Journal of Empirical Legal Studies*, 2008, Volume 5,

Issue 2, 309 (R) C350, July.

[136] David Luban. Justice Holmes and the Metaphysics of Judicial Restrain [J]. *Duke Law Journal*, 1994.

[137] Demsetz, Harold. Toward a Theory of Property Rights [J]. *The American Economic Review*, 1967.

[138] Eric Langlais. An Analysis of Bounded Rationality in Judicial Litigations: The Case with Loss/Disappointment Averse Plaintiffs [J]. *Journal of Advanced Research in Law & Economics*, 2010.

[139] Eisenberg T. and Farber H. S. The litigious plainti hypothesis: Case selection and resolution [R]. NBER Working Papers, 1996.

[140] Farber and Bazerman. Why is there Disagreement in Bargaining? [J]. *The American Economic Review*, 1987, 77 (2), 5.

[141] Fix – Fierro H. *Courts, justice and efficiency: a socio legal study of economic rationality in adjudication* [M]. Oxford: Hart Publishing, 2003.

[142] Giuseppe Dari – Mattiacci, Bruno Deffains, Bnmo Lovatd. The dynamics of the legal system [J]. *Journal of Economic Behavior & Organization*, 2011.

[143] Gould J. P. The economics of legal conflicts [J]. *Journal of Legal Studies*, 1973.

[144] Hughes James W. , Edward A. Snyder. Litigation and Settlement under the English and American Rules: Theory and Evidence [J]. *Journal of Law and Economics*, 1995.

[145] Hughes James W. , Edward A. Snyder. Allocation of Litigation Costs: American and English Rules [C]. *The New Palgrave Dictionary of Economics and the Law*, edited by, London: Macmillan, 1998, 1: 51 – 56.

后　记

　　我于 2014 年开始涉足司法成本的研究，并于当年发表一篇浅论《司法成本概念研究》（载《湖北警官学院学报》2014 年第 9 期），对司法成本、诉讼成本、审判成本等几个相近的概念进行了梳理，从而开始了对司法成本问题的持续探索。

　　而之所以有兴趣涉足该领域，则来自春节返乡时候听到的坊间传闻所激发的朴素正义感。据乡邻传说附近村庄有一妇女甚"恶"，常与附近村镇居民有冲突，而一旦发生冲突，就纠缠不已，并以让对方"吃官司"相威胁，且常有意无意散播自己在县公检法机关有亲戚，乡民甚是畏惧，一旦与其冲突，常常自认倒霉，赔钱或者赔礼了事。询问乡民为何不敢与其"打官司"，因为常常可能是"占理"的，但乡民皆言怕麻烦，换言之，是惧怕真的惹"官司"缠身所耗费的时间精力金钱成本高昂，另还有遭人议论声名受损的隐形成本。可见高昂诉讼成本已经成为老百姓追求正义的"拦路虎"，因而萌发对其探索研究之念，持续至今。

　　本书是在我的博士论文的基础上修订完善而成，恩师张德森教授给予了细致全面的指导，同门刘琦副教授和龚春霞副教授也给予了很大的帮助，硕士研究生许亚洲协助进行了校订和完善，责任编辑对于本书的出版做了大量耐心细致的工作，并提了很多宝贵的意见，在此一并致谢！